救国与启民

邹韬奋◎等著

戈公振

中国文史出版社

图书在版编目（CIP）数据

戈公振：救国与启民 / 邹韬奋等著.
-- 北京：中国文史出版社，2020.1
（百年中国记忆 . 报人系列）
ISBN 978-7-5205-1350-0

Ⅰ . ①戈… Ⅱ . ①邹… Ⅲ . ①戈公振（1890-1935）
—纪念文集 Ⅳ . ① K825.42-53

中国版本图书馆 CIP 数据核字（2019）第 218226 号

责任编辑：卜伟欣

出版发行：**中国文史出版社**
网　　址：www.chinawenshi.net
社　　址：北京市海淀区西八里庄 69 号院　　邮编：100142
电　　话：010-81136606　81136602　81136603（发行部）
传　　真：010-81136655
印　　装：北京新华印刷有限公司
经　　销：全国新华书店
开　　本：16 开
印　　张：14.75
字　　数：167 千字
版　　次：2020 年 3 月北京第 1 版
印　　次：2020 年 3 月第 1 次印刷
定　　价：42.00 元

目录
contents

第一辑

大编辑　报界的拓荒人

一个真正的报人

成舍我

　　我所知道的戈公振先生，只是一些片段的回忆。因为从认识到他的死亡，虽然在七年以上，但我们有着见面谈话的机会，恐怕至多不到二十次。

　　他并不是一个三头六臂的超人，我们正不必因他死了，而去过分地恭维。过分的恭维，只足使虚骄狂妄的活人，听着高兴，在道德水准，达到相当程度的人们，活时听着固然要感觉肉麻，死后有知灵魂也会不安的。我们同时代同职业的朋友们，在他生前，或者既很诚恳的不忍，或者很吝惜而别有怀抱的不肯让他肉麻，那么，当他死后，我们又何苦反要使他，或许要增加灵魂上的不安，所以，在我理性的认识中，无论生死，公振只是一个平常人物，不过，正因为他平常才可以显出他许多地方，值得我们的敬佩和追忆！

　　现在就我所能浮起的一些片段记忆，写在下面：

第一，公振是一个很谦和而不自满的人。记得民国十八年，当我出国的时候，他曾将新著的《中国报学史》送我一部，并很郑重地说，因为这种东西，在中国还是初见，我大胆尝试，一定有不少错误，希望朋友们能尽量替我校正，三十五天的海上旅程，是最好替我校书的机会，希望你能细细地看一遍。公振这本书在中国确是创作，一经出版，早已誉满天下，而他还这样不肯自满。我虽然不配替他校正，但我却很细心地在船上一页一页地读过，有几处地方，觉得有可怀疑的就圈出来，预备将来写信或当面给他一点意见。其中有几句话，在全书并不重要，然我却觉到十分奇怪的。就是报学史中曾说，英国的报纸，真能替民众说话，如果一个人为着公共利益的事件，投函到报馆，一连三次，报馆仍不登载，那么，这个投稿的人，是可以向法庭控诉的。大意如此，因为手边并没有这本书所以没有引录原文，我想，英国报纸如果真能有这样的法律，那真不愧为"舆论机关"。到了伦敦以后，我时时设法，想得到这段话的证明，问了好些人，都说不知道。有一次，一位伦敦大学的教授，约程沧波先生和我，在他家里茶会，同座的有几位英国名记者，我当时曾将这话问一位《泰晤士报》的编辑，他赶着连忙摇头说："没有，没有。"还说，"假若英国有这种规定，我们报馆，只好天天打官司了，因为即就《泰晤士报》而言，每天登出来的'致记者函'，总不过占投函总额中百分之二三，最大多数，都是掷在纸篓的。"我记住这话，回国时，公振请我吃饭，我首先告诉他这件事，同时还提出一些别的意见，在我本觉得太直率了，不料他竟很坦白地答应："这本书，错误和应该补充的地方太多了，我正在准备修正。"这是如何诚恳而光明，的确，

我在欧洲的时候，同时听列公振在欧洲的许多朋友告诉我，公振几乎每个月都有信给他们，指出一些可以搜集中国报史材料的地方，或书籍，请他们代为抄写或购买。像这样求真实的态度，试问现在一般东抄西抹自命学者的人们，哪里能比上他的毫末。何况公振这本报史，无论如何，在中国报学著作中，总可以算得不朽呢！

第二，公振办事，责任心特别强烈。当他第一次归国以后曾担任某大报整理参考部材料的职务。参考部之于报馆，在欧美，恒以为报馆的灵魂，在前五六年的中国，甚至现在，其重要性却似乎还没有被一般报馆主人和编辑先生认识。所以在那时候虽然添了这一部，实际只是虚设。但公振并不因为别人不重视，而即放弃其责任。我每次从北方到上海来，访问他，总可以看见他，在一些相片和剪报的纸堆中埋头工作。我笑着问他："这不是劳而无功吗？"他叹着气说："有功无功在人，肯劳不肯劳在我。只要我肯劳，就不管有功无功了。"其勇于负责之精神，大抵类此！

第三，公振待人诚恳。我在北方，曾接到好几封公振介绍青年人到报馆请求工作的信，一般替人写介绍信总是当面写好一封信，让被介绍者拿去就算人情做到。公振则几乎每次都另有几封更详尽的私信说明这个人哪几点是他的长处，哪几点是短处，因为这人的长处多于短处，所以敢介绍，请给他练习的机会，这种态度，对两方面都可算诚恳到了极点。这次他由海外归国，恰巧我也旅居在沪，在他死的前三天——10月19日——他有一封信，给我和严谔声先生，信里说到一个医生被诬的事件，他说明他和这个医生的友谊，同时告诉我们，不是要我们偏袒这个医生，只要我们据实记载。他写这信那天，听说病况已很严重，但他还能够扶病写信，一方面不负朋友的请托，一方面也不愿意要朋友因为友谊而牺牲了"报纸应该忠实"的天职，这都是可以使我们十分敬佩的！

我所知道的戈公振先生，仅仅只此。不自满能尽责，待人诚恳，老实说来，这只是每个人应该具备的最低条件，既然要做人，自然应该向人的路上走。公振所具备的三个条件，本只是人生大道的起点，很平常而并不特别，但就是这样平常的起码标准，恐怕举世滔滔，尤其我们贵行同业，没有好多，可以像公振那样做到。我们不必过分恭维公振是超人，我们只很忠实地说，活了46岁的戈公振先生，他现在死了，我们可以盖棺论定，给他画上一个句号：他是做了45岁的"人"，尤其是在这乱七八糟的报人社会中，做了几十年的一个真正"报人"。

这就是我献给公振先生的一个最后的敬礼。

（原载于1935年11月13日《新民报》）

新闻学者戈公振

谢冰岩　王凤超

戈公振先生把他的毕生精力献给了中国的新闻事业，对我国 20 年代前后和 30 年代初期的新闻事业，从实践到理论都做出了重要的贡献。今天，我们想借此机会，谈谈他对新闻学研究的突出贡献，以此来纪念戈公振先生。

大家知道，对新闻学的研究，是新闻事业发展到一定历史时期的产物。我国新闻事业的历史虽然悠久，早在唐朝就有了以邸报为代表的古代报纸，但是由于封建社会的经济基础、政治制度和思想状况的原因，邸报在漫长的封建社会中始终停留在发布朝廷公文的原始阶段，因而也就不可能产生新闻学。

随着西方殖民主义者的扩张和对中国的侵略，以传教士为先锋在中国办起了近代报刊。到了 19 世纪 70 年代，以郑观应和王韬为代表的早期资产阶级改良派人物，开始探讨报纸在社会中的作用。到 20 世纪初期，西方某些资产阶级的新闻学观点被介绍到中国来了。如 1919 年出版的徐宝璜的《新闻学》，1923 年出版的邵飘萍的《实际应用新闻学》，1917 年出版的《上海报纸小史》等，就是我国最早的一批新闻学代表作。

外国资产阶级新闻学在"五四"运动前后被介绍到中国来，无疑是当时反对封建文化、鼓吹社会改革思潮推动的结果，所以有一定的进步意义。

戈公振的第一本书《新闻学撮要》，就是在这样的背景下产生的。这本书是根据美国开乐凯的著作《新闻手册》编译而成，于 1925 年 2 月由上海新闻记者联欢会出版，梁启超写了序言。这本书对报馆的各项具体业务工作作了扼要的叙述。为了便于我国报馆从业人员实用，戈公振又酌量对原文进行了删节或注释。在当时新闻学著译十分缺乏的情况下，这本书受到了新闻界的欢迎。

戈公振对中国新闻学研究的重要贡献，是他撰写了我国第一部报刊史研究专著《中国报学史》，开创了我国新闻史研究的新时期。

在这本专著问世以前，我国学术界对新闻史的研究，一直停留在研究地方报刊史的阶段。刚才提到的《上海报纸小史》，以及后来蔡寄鸥的《武汉新闻史》、项士元的《浙江新闻史》等，就是这样的小册子。《中国报学史》出版以后，把报刊史的研究提高到了一个新的水平，在国内外产生了重大影响，奠定了戈公振在中国新闻业史研究中拓荒者的地位。

这本书出版后，即被日本人小林保译成日文。译者在序文中提出："著者戈公振……就他的经历表明，他在中国是近代新闻界的第一人，作为实际家同时又作为新闻学的系统研究家，享有很高的名声。"总之，《中

国报学史》一书为戈公振赢得了很高的声誉。

这本书的重要价值，首先在于它的系统的资料性。该书第一次把从汉唐到五四运动前的中国报刊产生、发展的概貌，清晰地勾勒出来，搜集了大量珍贵的第一手资料，为后人的继续深入研究开辟了道路，并为文化思想史的研究提供了重要线索。

其次是该书的思想性。这本书敢于正视某些客观历史事实，揭示了邸报的实质，对帝国主义列强利用报刊在华进行的侵略活动和军阀压制、收买报刊，捕杀进步新闻工作者的反动政策，进行了揭露和抨击，歌颂了在历史上起过进步作用的一些报刊，书中体现了作者鲜明的爱国主义立场和民主主义思想。该书代表了旧中国报刊史研究的最高学术水平。

最后是在分期问题上比前人有进步。资产阶级新闻学家通常把报纸的发展历史大略划分为"口头报纸""手写报纸"和"印刷报纸"三个阶段，戈公振虽然赞同这一分期方法，但他把中国报刊史又具体化为官报独占、外报创始、民报勃兴和报纸营业四个时期。这种从传播的技术形式到以报纸所有体制和经营性质划分时期，就更易于符合历史发展的规律，显然是一种进步。

戈公振的新闻观点深深地打下了那个时代的烙印，基本上属于当时流行的欧美和日本的资产阶级新闻观点的范畴，但是他是比较高明的，而且是继续前进的。

当时流行的资产阶级新闻观点的核心内容，是强调新闻事业是社会公共舆论机关，反对报纸的党派性。戈公振也是用这种观点来考察中国新闻事业的。他认为，政党报纸因缺乏一般性而不易发展。这种观点没有对党派进行具体的阶级分析，因而就抹煞了报纸作为舆论工具的阶级性。

在新闻本源的问题上，戈公振主张新闻"为时宜性及一般性之自身"的最早的性质说。按他的解释，时宜性的特色为"报纸以现在发生事件为内容"，一般性为"内容有一般兴味"。实际上，时宜性和一般性是构成新闻价值的两个重要因素，并不是新闻的本源。新闻的本源只能是事实。戈公振非常重视新闻的趣味性，这也是当时资产阶级新闻学所竭力宣扬的。但他的观点和那些追求反常的、耸人听闻的主张并不一致，主要含义是提倡新闻的多样性和文艺性。他曾批评当时报界的猎奇趋向，说："今日之报纸，惟搜求不近人情之新奇事物，以博无知读者之一笑。其幼稚诚不堪言矣。"（见《中国报学生》第 197 页，1955 年三联书店第一版）戈公振主张新闻应该向民众开放，让多数人通过新闻了解政治问题，做出个人的判断，报纸要多给平民发言的机会。在当时，这是非常可贵的新闻思想。

戈公振第二次出国考察期间写的通讯，在他逝世后由戈公振治丧处同人议决，委托邹韬奋编辑出版，名为《从东北到庶联》。这本书绝大部分篇幅是戈公振在苏联采访、游历的实录。从这本书中可以清楚地看出他的思想发生的根本变化。

去苏联之前，戈公振在 1932 年写成的《新闻学》一书中是这样评价苏联报纸的：苏联的报纸"不能代表全体人民的意见，确可代表一阶级的意见"。从这一侧面反映出他对苏联不了解，看法不全面。但当他在苏联考察了近三年（1933 年年初至 1935 年 10 月）以后，就改变了这种

看法，称赞苏联是庶民执政掌权的国家，目睹了十月革命给苏联社会生活带来的巨大变化，他还因此建议将"苏联"译为"庶联"，认为这样，音义两方面都能顾到，而又使人容易理解。这本通讯集就是采纳了他的建议而定名的。

从这本书可以看出，戈公振的思想正在向人民群众创造历史这一马克思主义观点不断接近，早期思想中无视群众力量的观点逐渐消失。在观察事物的方法上，他开始运用唯物辩证法来分析问题。他在《我对于观察庶联的态度》一文中讲到自己如何观察苏联的四点体会：第一，要能无成见；第二，要不为习惯所囿；第三，要勿以一地一时或一事的情形来肯定一切或否定一切；第四，要有专门知识，最好更能精通俄文。应该说，这些是符合实事求是的历史唯物主义态度的。

我们在这里只是对戈公振的主要新闻观点和对新闻学研究的重要贡献作一点概括的介绍和说明，不一定正确，欢迎大家批评指正。今天，"新闻无学"论的看法已被一大批丰硕的研究成果逐渐代替。据不完全统计，自三中全会以来，我国出版的有关新闻史的教材、资料和专著已有20余种，文章有1000多篇。新闻学研究的队伍正在生长壮大，已达到前所未有的规模，研究活动正在多方面展开。新闻界已召开过邹韬奋、邵飘萍、黄远生的纪念会。今天我们纪念戈公振先生诞生95周年，就是为了重视这位新闻界的前辈，和正确地对待他的学术成果，使之成为发展和繁荣无产阶级新闻学研究的助力与有益借鉴。

（1985 年 11 月 27 日）

报业史开山人物戈公振（节录）

　　1927 年 11 月，上海商务印书馆出版一部《中国报学史》，这部厚达数英寸的著作，是中国自有报业以来，有关中国新闻事业史的初次述作。在当年国内这类著作非常贫乏的年代，能从《邸钞》《邸报》谈到近代各报的萌芽、创立和经营经过，需要有一部有系统地叙述的巨著，这位著作者戈公振是报业史的开山人物。

　　戈公振原名绍发，字春霆，江苏省东台县人，生于晚清光绪十六年庚寅（1890）11 月 27 日。这一天，民国史上另一位文名卓著的陈布雷氏，恰好和他同庚，陈氏家道殷实，而绍发则是贫寒子弟。不过他青少年时期，在私塾中已崭露头角，求学勤奋，异于常人，平时习惯在工作余暇，从不放弃学习。民国元年，22 岁，在东台神州法政学堂，功读法律和历史两科，同时在一家小报馆——《东台日报》社，担任编辑工作。

　　民国二年，他到了上海，是应上海有正书局招考练习生录取。有正书局为当年上海报人狄平子（楚青）创办，他同时办有时报馆。《时报》也是上海著名大报之一，几可和《申报》《新闻报》两大报平分秋色。

绍发进有正书局时，已长得长身玉立，气质清秀夺人，乎于延见，不时加以注意。几星期间，绍发工作认真，勤谨不懈，有问必答，条理分明，翻阅他每日所记札记，从不间断，一笔闲逸小楷，流转多姿，语句通畅可诵，所记内容，更博采广引，出版界著名事迹，记载得有条不紊，当时面加奖勉，即升为正式职员。又过了一段时间，便提拔他到时报馆。在总编辑包朗孙毛天笑指导下，任编辑部编辑。当时时报馆人才，一时称盛，比较著名的有林康侯、毕倚虹（青波）等，绍发厕身其间，得诸名家指益，经验学问与时俱进。这时他已把原名弃用，改名公振。报社由黄伯惠接办后，他的进言多被采用，时报销路也随着大增，他前后服务达十五年之久，对报馆贡献大，为狄、黄先后两社长所确认。

公振在《时报》服务既久，穷多年努力，终于完成中国新闻史上第一部报业史巨著，这一辉煌成就，在商务书馆出版之后，声誉日盛，新闻界人士无不刮目相看。

民国十七年，报界长才史量才，主政申报馆，力求革新，罗致人才，延聘公振到馆。在民国二十年前后，戈公振遂成上海新闻界著名编撰人才。人生道上，不如意事常八九，戈公振以贫寒青年，努力奋斗，在新闻事业史上得有不太寻常的成就。可是在婚姻道路上却一再失败，他虽外形俊美，性情温和，结果遭遇二度凄凉无奈，其命也夫？

申报馆和时报馆不少老同事，看到公振回国以后，原先不苟言笑的脸上益发阴沉，可是他从未吐露过心底的怆伤秘密，不久《申报》作风渐趋左倾，公振被聘为画报编辑，旋东北被日本侵略，"九一八"事变发生，国际联盟组织李顿调查团前往东北，他被派参加翻译。第二年又赴德、法、意、奥、捷克、苏俄等国考察，在国外逗留了三年多，民国二十四年 10 月 15 日返抵上海，不幸患上盲肠炎，在医院住了一星期，转为腹膜炎，终告不治，怀着一颗破碎的爱心与世长辞，享年仅 45 岁。

（原载于 1989 年 7 月 23 日台湾《世界日报》）

新闻名将戈公振

陈镐汶　王凤超

1890 年 11 月，戈公振出生在江苏东台一家经济不宽裕的家庭里。他 24 岁入上海《时报》工作，以后两次出国采访、考察。1935 年，他应邹韬奋之邀，回上海筹办《生活日报》。不料踏上国土未及一周，便因患急性腹膜炎与世长辞，只活了短短 45 年，但他著作的《中国报学史》和编译的《新闻学撮要》，却给后人留下了宝贵的精神财富。

戈公振自学成才。他 23 岁在上海有正书局当学徒，24 岁入《时报》当排字工，以后一直从校对，到编辑，到总编辑，1925 年夏国民大学成立后，他被聘为新闻系教授。

戈公振在《时报》工作仅 5 年。1918 年担任主要责任人后，从翌年春节开始，报纸陆续办起了教育、妇女、文艺、实业、医学、英文、美术 7 个专刊，每天出一个。但创办不久，他就注意到《医学周刊》注重医理医经，看得懂的人很少。于是他用《图画周刊》代替了它。戈公振在 1919 年创办的《图画周刊》和 1928 年他应聘参加《申报》后编辑出版的《图画增刊》，都引起新闻界和读者的广泛注意。对前者，他以摄影铜版印刷取代了 19 世纪就开始的石印。对后者，他设立摄影记者，开展了新闻摄影工作。因为在此之前，报上登出的新闻照片几乎全是照相馆所摄。

1927 年 1 月，戈公振自费出国考察，那时北伐军即将进入上海。英国、法国都派军到上海，驻屯于租界以外。戈公振一到欧洲，先在日内瓦以《时报》主笔的身份，会见了英帝国主义代言人——首相张伯伦，向他提出了一连串咄咄逼人的发问，最后，这只老狐狸不得不以"严守中立""不干涉中国内政"等许诺来搪塞。接着他又访问了法国外长白里安，提出了同样问题，白里安说，法国派去上海的全是安南人，和警察性质差不多，且人数不多。有关消息，在 1927 年 3 月 13 日刊登在《时报》上。

1932 年 10 月，戈公振重到日内瓦。这一次他是被派去参加国际联盟新闻专家会议的。第二年 3 月，他正准备回国，适逢中苏两国恢复外交关系，他被国民党驻苏大使颜惠庆邀请同去苏联。戈公振在苏联一住就是 3 年，他抱着力图"领略这新国精神的所在"等意念，为国内报刊撰写了大量介绍苏联的通讯。后来汇编成通讯集《从东北到庶联》。"庶联"即苏联，意为庶民执掌政权的国家。

戈公振终日忙于工作，太看轻家庭生活。他的夫人当时在北京大学读书，他关心不够，后来导致离婚，从 1930 年起，他一直过着单身生活，直至生命终结。

（原载于 1991 年 1 月 2 日《新闻出版报》）

新闻界巨星戈公振

方汉奇

戈公振是中国新闻史上一颗璀璨的巨星。

他只活了 45 年，他的一生是短暂的，但却是光辉夺目十分辉煌的。戈公振从 1912 年在《东台日报》担任编辑工作时起，到 1935 年不幸早逝止，以毕生的精力从事新闻工作，在新闻战线奋斗了 24 年。他是一位在新闻事业的各个方面，都有过突出贡献的杰出的新闻工作者。他是一位杰出的编辑。从《东台日报》到《时报》《申报》，曾经有十几年的时间从事编辑工作，在助编、编辑到总编的各个岗位上都干得十分出色。他是一位优秀的记者。他的多次采访活动，特别是 1932 年随国联调查团赴东北的那一次采访活动以及此后三年在苏联等国各地的采访活动，都取得了十分丰硕的成果，所写的通讯报道，给读者留下了难忘的印象。他是一位有着丰富理论与实践经验的报业经营管理专家。1928 年出国考察时期，曾经对国外新闻事业，特别是国外报纸经营管理方面的情况，做过认真的比较研究。他在担任《申报》总管理处设计处主任时期，曾经帮助史量才在《申报》建立了完备的科学管理制度，对这份在全国范围内有较大影响的老报纸的业务改革，做出了重要贡献。他是一位新闻教育家。曾先后在上海的国民大学、南方大学、大夏大学、复旦大学等高等学校的新闻系任教，为培养年青一代新闻工作者，春风化雨，诲人不倦。他是一位学识渊博的新闻学者。曾经利用业余时间从事新闻学理论和历史的研究，所著《新闻学撮要》《新闻学》《中国报学生》等书，是中国最早的一批新闻学著作，为新闻学这门新兴学科在中国的发展，做了大量开拓性的工作。其中，以对中国新闻史的研究最为精深。他的那部《中国报学史》自1927年初版后，曾多次重印，并被译成日文在日本出版，在国内外都有重大影响，是公认的中国新闻史研究方面的奠基之作。至今还为这一领域的研究工作者所推重，具有极大的参考价值。像戈公振这样的在新闻战线的各个领域都做出过杰出贡献的多面手和全才，在中国新闻史上是十分罕见的。也许只有邵飘萍稍稍能与之比肩，此外再也找不出第二个人来了。

在同时期的新闻工作者当中，戈公振还是一位很有口碑的人物。他的强烈的爱国主义感情，他的勤奋好学，不断追求与时俱进的精神，他的严于律己、宽以待人的高尚品德和认真负责、精益求精的职业道德，他的严谨的学风和工作作风，都深受侪辈的敬重，成为后来新闻工作者的楷模。

（原载于1990年11月25日《盐阜大众报》）

记者·学者·教授

胡绩伟

  戈公振先生是旧中国一位杰出的爱国新闻工作者，又是一位流芳后世的新闻学学者，对我国新闻业史做出了开创性的研究；同时，他还是一位在我国早期从事新闻教育工作做出了很大贡献的人。戈公振先生集名记者、学者和教授于一身，三位一体，相互促进。今天，我只就他如何把三者密切地结合起来发表一点意见，作为对戈公振先生的怀念和学习。

  戈公振先生对我国新闻事业最大的贡献，就是他第一次确立了报学史的研究是一门学问。他把欧美的"新闻学"一词译为"报学"。他撰写的《中国报学史》，是我国第一部泛论新闻学和全面系统地研究中国新闻发展史的专著。这部书于1927年出版，由于它的材料丰富翔实，被誉为我国早期新闻学的优秀著作之一，当时好几本用外文出版的介绍我国新闻史的著作，都是根据它提供的材料写成的。在解放前后，此书曾经多次再版，成为我国新闻学史研究者的必读书。除了《中国报学史》

以外，他还写了《新闻学撮要》等新闻著作，对我国新闻学的研究做出了开创性的贡献。

《中国报学史》，是戈公振先生在十分紧张繁忙的报纸工作中进行长期研究的成果。他在上海《时报》从做校对、编辑直到总编辑，以后又到《申报》工作。"九一八"事变以后，他在东北进行了比较深入的采访，后来在苏联许多地方进行了广泛的考察。在报社工作期间，他还先后在上海国民大学、南方大学、大夏大学和复旦大学讲授新闻史。他还发起组织过上海报学社，举办过新闻学讲习班。值得注意的是，他一面工作一面注意学习和研究新闻事业的历史和理论，做了大量地搜集、积累和研究资料的工作；1927年到1929年，他还专门到欧美日本等国考察外国的新闻事件。他搜集材料的范围很广泛，在上海查阅了大量历史著作和能够找到的各种报刊，还公开登报征求各种旧报刊，还找有关的人员补充材料和解答疑难。他在英国博物馆发现有很多国内找不到的中国报纸，如获至宝，详细地作了笔记，后来写成《英京读书记》，作为《中国报学史》的补正。

戈公振先生在繁忙的工作中，孜孜不倦地坚持研究工作，注意总结和研究我国新闻事业的经验和学习外国的经验。他还长期从事新闻教育工作，注意培养接班人，并且通过教学来推动自己的研究工作，《中国报学史》就是在他多年教学过程中积累起来的资料基础上编写成的。他用教学和研究工作推动新闻业务工作，在业务上进行了许多很好的改革，称得上是我国二三十年代的新闻业务改革者。

他这种把工作、教学和研究结合起来的好经验，是很值得我们学习的。

可惜，长期以来，我们很多新闻工作者总是忙于编采工作，没有觉悟到下定决心、挤出时间来进行新闻学的研究工作，用研究工作来促进我们总结和学习国内外的先进经验；也没有觉悟到下定决心、挤出时间来进行新闻教学工作，用教学来推动我们的业务和研究工作，又用研究和教学来提高和推动我们的业务工作，特别是把眼光放长远一点，早一些注意培养大批接班人，以适应我国新闻事业的不断发展。我自己虽然长期从事新闻工作，但是在这方面我是觉悟很迟、误了大事的。

今天纪念戈公振先生，他有很多值得我们学习的地方。以上我所说的工作、教学和研究三结合的经验，是值得强调的。当然，由于时代的局限性，他在政治观点和新闻观点方面难免有某些缺点，但从总的发展来看，他是在不断前进的。"九一八"事变以后，他注意学习马克思主义著作，又到苏联做过长达三年的考察，邹韬奋曾说："我在莫斯科时和他作过数次长谈，深感到他的猛烈进步。"

早在 20 年代，戈公振先生就已经把新闻当成一门学问来研究，注意总结和汲取它的历史经验，努力探索它的客观规律。可惜到了 80 年代，经过争论，才比较一致地肯定新闻是一门学问，但仍然存在忽视研究新闻规律的事；至于在具体工作中，忽视和违背新闻规律的事就更为普遍。在纪念戈公振先生的时候，想到这些，不能不感到惭愧。希望大家特别思考一下这方面的问题，对我们日益发展的新闻事业和新闻学研究工作，是很有好处的。

1985 年 11 月 25 日

戈公振新闻记者的三个时期

戈绍屯

家兄公振的逝世，匆匆已届四周年。承《大美晚报》的盛意，为之发行纪念特刊，在家族的方面，我们谨表示真挚的感谢。

记者周刊编辑要我也做一点纪念的文章，我很觉得惭愧，因为我的文笔极拙，不过又觉得义不容辞，所以不能不拉杂写一些。我现在所要写的，可以分为两部分：一部分是关于公振新闻记者的生活，一部分是关于他的私人生活，也就是关于他处世接物的态度。

公振从民国二年就到了上海，承时报总经理狄平子先生的厚意，请公振在时报服务，以后一直到他逝世的那一年——民国二十四年——从未与新闻界脱离关系。所以他先后在新闻界的奋斗，可以算是二十多年。他曾对我说过几次："我想永远继续新闻记者的生活。第一，从事一个职业，久而久之，不但有无穷的乐趣，而且对于职业的经验和学问，可以渐渐有着进步和自信；第二，有些朋友脱离新闻界而从政，这是他们有他们

的技能和抱负，而我只希望过着清苦的记者生活，以藏我拙。"这就是他对于职业的见解。倘使有些朋友，对于他的二十余年新闻记者生活，觉得于新闻界不无少许的贡献，那就是他忠实于职业之赐了。

他在新闻界20余年中，思想上的变迁很深，因我国从清朝的专制解放以后，虽然成为共和民国，但是民元以来，内忧外患，持续不断。新闻记者对于政治社会的变化，表里的矛盾，知之最清，有心人就不得不受许多刺激。公振的新闻记者生活，当然也受了这种外界的影响而起种种思想上的变化，若是将他的20余年的记者生活分析起来，可以分为三个时期。第一，是他的学徒时期。公振在民国初元的时代，曾进过法政学校，但是对于新闻学的研究，完全是投入报界以后，才由实际的经验入手的。他于民国二年到上海，最初是在时报当本埠编辑兼有正书局编辑。有正书局的主人也是狄平子先生，对于公振，信赖极深，而有正书局的事业，最重要的是中国书画的印刷和发行，以发扬中国艺术为己任。公振因此对于印刷的技术和经验，得着不少的知识，在时报服务的方面，因为是本埠新闻记者，所以上海的政治、经济、社会各方面的人事，他的接触甚多。报馆的经营、发行、编辑的知识，也逐渐学习，所以他在这个时期，可以说是完全新闻记者的学徒时期。也可以说是他的准备时期。

他在这个时期，假使说是他的成绩，那就是报纸各种特刊的发行。当时时报在中国的地位与申报新闻报并驾齐驱，人人谈起报纸来，都说是"中、新、时"。时报的特色，是力求进步，种种的特刊，如教育周刊、妇女周刊、图画周刊，都由时报开始的。我记得公振任时报总编辑时对我说过："民国七八年的时代，中国的报纸只有些社会、政治、经济的记事，而不能推进各种文化，所以我和时报社当局商量发行各种周刊；如教育周刊，就请蒋梦麟先生担任编辑，图画周刊则由我自己编辑，以后沪上各报，也就逐渐仿行了。"

他的新闻记者生活的第二时期，是民国十年至十九年，在这时期中，他完成两部著作，一部是《中国报学史》，一部是《新闻学撮要》。后者是很简单的新闻事业入门的途径，而前者是中国新闻学的历史的观察和检讨。他对于中国报学史的材料搜集的苦心，我知之最深。他对于中国古代及中古时代报纸起源的见解，似有独到之处。近百年来中国报纸发展的过程，有很正确的记录和批评，所以中国报学史也许是中国新闻学著作有价值者之一。公振从欧美日本漫游归来，曾对我说过，各国的图书馆大都备置有中国报学史，是他最感觉愉快的一事。

他在中国报学史写成以后，于民国十七年以中国新闻界代表的资格列席于日内瓦的国际联盟会新闻会议，会议后赴英国伦敦大学新闻学系，听讲半年，以后遍历欧洲各区及美国日本返国。在此一年中，他对于新闻学学问的研究及各国政治社会的观察，进步不少，当时中国正是北伐成功、蓬勃一新的时候，他的思想上也趋于革命的前进的一步。他那时候所羡慕的国家是英美的民主的精神，是苏俄的建设迈进的气象。他归国以后大公报与申报都拟聘请他服务。他曾函商于我。我自民国七年渡日至民国十九年的归国，十三年间从事医学的研究。对于国内情形，实在隔阂。我劝他接受申报的聘请。他因为史量才先生的盛情不可却，就入了申报馆。申报馆组织总管理处，负责者为史量才先生、黄任之先生及公振。公振为设计主任。当时史先生颇有将申报改良进步，由中国一

等报馆跃进国际一等报馆之计划。因为中国的一等报馆如申报新闻报，销数最多的时候，也不过七八万份，以与欧美日本之一等报馆销数，达百万份以上者，不可同日而语。因此史先生的希望，确是有理由、有价值的希望。若能实现成功，则中国报纸对于舆论报道及指导的责任，当然可更尽一些。但是这种更新改进的计划，当然颇不容易。公振以后曾对我说过，"这种改良进步，还不能不等着时代的呐喊和鞭策。是勉强不来的"。

公振的新闻记者第三时期是民国十九年至二十四年。他于二十一年又赴欧洲研究和游历。在这三年中他在苏俄的时期最长，遍历苏俄各地，参观各种建设，所得的感动甚深。他的感想记事发表于国内务大报者甚多，尤以大公报申报为伙。因为在此数年中，正是我国内忧外患最深的时候，如国共的斗争，"九一八"事变的演进，给予他精神上的痛苦和刺激，实在不少。他的思想上的变化，也是不少。他在第一次由欧美游历归来，和我说过几次。他觉得英美的民主的政体，实在是进步的。尤其美国的人民享有民主自由的幸福。

但是美国人的生活，我们可否仿效，是一个疑问。因为美国地理上优越的关系，经济上是可以算是得天独厚，不愧天之骄子。所以美国人有些大少爷脾气，不是中国人容易模仿的。中国人应该卧薪尝胆，像苏俄人的奋斗，但是苏俄因达目的而不择手段，有时过激，也不能不考虑。所以公振思想和态度当时是怀疑的，公振到第二次在苏俄的时候，由于他的遗著《从东北到庶联》，就可以看出他思想上的变化了，他于民国二十四年十月归国，他的计划是创办一种比较进步的报纸，以及一种有力量的通讯社。但是很不幸，他的新抱负和计划都因为"二战"的残暴不能实现而长逝了。

他的理想的报纸是一种完全大众化的，是一种真能够将大众的欢喜、悲哀、苦痛、呼喊和呻吟都能报道而表现的。所以他主张将报纸的社论和记事，都采用白话甚至主张由报纸推进文字的革命。如拉丁化或注音化。他曾说过："我在报界二十余年，觉得中国头等报，销数仅达七八万，不能与世界头等国的报纸并驾齐驱，完全因为文字艰深的缘故，所以中国报纸并不能贯彻报纸的使命。我自己就觉得初入报界的时候，大部分编辑的光阴是消费于文字，我若想做文章，愈没有内容的时候，愈想在辞藻和腔调上用功，这正和八股一样，愈好听则愈不通。也和洋八股一样，英语尽都说得好，而对于中国的实情，却是风马牛不相关。所以这是一出悲剧。要想将中国全体国民的智识提高，小国报纸的经营方针和编辑态度非彻底改良不可。"因为我是一个医师，对于新闻学完全是门外汉，他的这种主张是否正当，无从判断。所以这问题，还不能不请报界的先进者批评了。

以上是记述公振新闻记者的三个时期。至于他个人的生活态度，我以做兄弟的资格，不敢妄加褒贬，因为公振各方面的友人，都知道他的长短的。不过他有几点，似乎是他的长处。

第一，他努力的精神。他对于事业和学问，数十年如一日，肯不断努力地前进。第二，他持身谨严，决不苟取，终身清平自甘。第三，他对于亲友，只要他能力所及，总肯帮助，至今乡里犹有多人，称念不衰。第四，他爱国之心甚切，办事之勇气甚足，当"九一八"事变后顾少川

先生与国联调查团出关调查之时，公振亦以记者资格参加。临行前曾以遗书交我保管，具见其决心之深。以上四点，似是公振个人生活可纪念的地方。

最后，我写这篇回忆的时候，感痛无穷。因为公振随国联出关调查的时候，曾将遗书交我。握别之时以为不知何日再见，然而不久安然回国，相晤甚乐。至他第二次赴欧，由俄常来信，总以为不久再见，不意民国二十四年 10 月由俄返沪，仅 7 日而遽去世，我其时正在广西南宁奉命筹办广西省立医学院，欲请假返沪而不可得。一别遂成永诀，连葬容都不能瞻仰，思之真是悲痛之至。

（原载于 1939 年 10 月 23 日《大美晚报》）

戈公振办报

郑逸梅

　　东台戈公振，颀然身长，目御眼镜。容蔼然可亲，我由钱玉阶的介绍，曾和他一度的把晤，印象至今犹留脑海。他游欧归来，不久，忽患盲肠炎，施行手术后，突转为腹膜炎，不治而死，年只四十有五，闻者莫不悼惜。

　　公振著有《中国报学史》，成一巨帙，1927 年，由上海商务印书馆刊行，分《绪论》《官报独占时期》《外报创始时期》《民报勃兴时期》《民国成立以后 》《报界之现状》共六章，叙述很详，并附插图。其中所记《时报》的情况占有很大篇幅，原来他主《时报》 笔政有年，尤其所编《图画时报》，很受读者欢迎。最初每星期出版一大张， 随《时报》附赠，因此逢附赠画报的一天，《时报》销数激增，《时报》主人黄伯惠动了脑筋，把画报一分为二，每星期附赠两次，以谋销数。实则所称画报，完全是照相。同时钱芥尘继毕倚虹之后，主持《上海画报》，照相不足，往往与公振商量，公振把多余的照相，给芥尘发表。此外，公振又编刊《新

闻学撮要》，梁启超为作序言。项目四十有余，附录《中国报纸史概要》《中国新闻事业之将来》《上海日报公会章程》《上海新闻记者联欢会章程》《欧美日本著名报纸一览表》《新闻文章要诀》等，可惜以上二书均绝版，目前不易寓目了。

一张没有出版的小型报

镰　栖

　　犹记 1927 年的一个夏天，我们许多同学自南方大学里跑了出来，转到一个新兴的国民大学里，那个时候，读新闻学系的同学，只有 20 多个，戈公振先生授我们《中国报学史》，潘公展先生授我们《编辑法》，为了这两位老师的热心教授，旁的学系的同学，也都选上这两位老师的课程。这样，我又读了半个学期。有一天戈公振先生在下课的时候，告诉我们一个有趣味的消息，说是在这几天里，和王一之先生打算联络光华、大夏和国民三个学校，出版一张小型日报，王一之先生担任主笔，我们在老师的指导下，各人担任一种文字，这个小型日报，已由戈公振先生拟定，叫作《华夏民报》，是由我们三个学校的校名拼合起来的。于是我们每一个同学，大家都高高兴兴地要求戈公振先生立刻在我们学校里，组织一个通讯处，准备该日报的出版。

　　在一个礼拜六，我们新闻学系同学，联络光华、大夏的同学，就在

我们组织的那个中国报学社里，开了一次讨论集会，我们的兴趣，真浓厚到万分，都等待着《华夏民报》和社会见面；不料没有多少时候，说是王一之先生要到欧洲去了，戈公振先生在那个时候，也比较上半年忙得多，授完了课，简直连跟我们谈话的时间也没有。所谓《华夏民报》，直到我踏出国民大学的时候，就没有人再谈起来了。

现在，戈先生不幸而赍志已终，想起他过去的热心于报业，不胜壮志未竟之憾。虽然那张小型日报还未曾和社会见过一次面，但是，我们觉得也是戈公振先生的历史之一页。现在就把这一段旧事记录出来，给戈公振先生留一纪念。

（原载于 1935 年 11 月 28 日、12 月 29 日《晨报》）

戈公振的报纸广告观点

杨作魁

戈公振（1890—1935），是我国新闻界的名将，也是新闻史的先驱研究者，他的代表作是 1925 年在上海国民大学讲课时写成的《中国报学史》。这部数十万字的我国第一部中国报纸历史的专著，自 1927 年出版以来，成为中外研究小国报纸历史者的必读著作。在这部著作中，他对于报纸广告的论述，是史论结合，既从各个角度论述广告的价值，又从各个侧面提供当时的广告资料。

戈公振认为，"广告为商业发展之史乘，亦即文化进步之记录"，"不仅为工商界推销出品之一种手段，实负有宣传文化与教育群众之使命"。他说，"人类生活，因科学之发明日趋于繁密美满，而广告即有促进人生与指导人生之功能"。由于作者认识到广告除了有它的商业价值，还有宣传文化、指导人生和教育群众的价值，所以特别强调广告要讲究真实和道德，否则，"不道德与不忠实之广告"，"不但为我国实业界之

大忧，亦广告界之大耻"。

作者根据中国报纸广告的历史经验，吸收外国报纸广告的某些做法，还提出了发展中国报纸广告的一些主张。他分析了中国近代报纸广告不发达的原因，是因为"商业未兴，无激烈之竞争，视广告为无足轻重，而报馆又不能表现其广告之效力，以博得商人之信托"。而且人们往往"又不知广告之内容，亦足引起读者之注意，与新闻同其价值"。此外，广告设计"杂乱无章，不若外报将同性质者汇列一处，使读者易于寻觅"。正因为如此，为了使"报纸为买卖货物之媒介"，他主张"应设法引诱本国商人登载广告，为之计划，为之打样，为之尽力，必使商人不感困难，又排列务求美观，印刷务求清晰，地位务求明显，便易入读者眼帘，使其出费小而收效大"，同时，"欲得买卖双方之信托，尤应严厉拒绝含有欺骗性质之广告"。这样，便会收到既"推广报馆营业"，又"足以促进实业"的效果。

作者还有一个创见，是主张报纸，特别是商业报纸"可特辟专栏、研究广告学，以引起商人对于广告之兴趣，则又应尽之天职也"。

戈公振，这位在病榻弥留之际留下最后遗言"我是中国人"的新闻界老前辈，给后人留下的许多报纸广告观点，至今仍然有许多合理成分，值得人们借鉴与运用。

（原载于 1985 年 9 月 8 日《深圳特区报》）

戈先生与《言论自由》

杨　季

　　戈公振先生富有研究之天才与毅力，有特出之创作《中国报学史》，良非人云亦云模仿抄袭之平凡作家可期，应并推为中国近代有数之学者。其生平言行功绩，业经人之表彰论列者颇多，浅陋如余，本可毋庸再多增益。惟兹届其逝世纪念，忆及先生生平从业报界，思想上更有一特点，可来一提，借以略表追念之意。此特点为何，即其异常重视言论自由是也。

　　自由乃人类为人人所视为可宝贵而应爱护者，戈先生在报界服务二十余年，对之重视，每尤甚于他人。余昔在大夏大学肄业，先生来校担任新闻学讲席，曾连选修其所授之课程两学期，上课之时，时常闻其倡导言论自由，彼认欲谋报业前途之光明与发展，非任之有自由刊载新闻，发表言论不可。意态之间，对于拥护报业之自由，异常具有热诚。此种热诚，类为"发展报业前途，冀其光明"而起，固非有何私心存乎胸间。故可不论自由本身之价值为何如，而戈先生崇尚自由之思想，乃系大公无我，

异常纯洁，自非世之假借自由为幌子，以便利私图者，所可与相比拟也。

先生平日见何报纸之刊载新闻，发表言论，遭受强暴干涉，辄表反对，深加痛恶，而对被干涉之报纸，寄予无限同情，往往不能自已，犹忆其在第一次周游世界回国以后，本其考察各国报业之心得，颇欲效力于剪报工作，曾特拟订详细计划，旋入《申报》主持参考部事务，在部中即特效力于办理剪报。而其逐日在报端所剪各种材料中，对于攸关于言论自由之言论，及干涉报业之消息等，剪取尤为详尽，即属短短数语，彼亦必皆剪存（此项材料，现仍存于申报馆参考部中）。甚至如各报之因政府新闻检查而临时已编排之稿件抽去，呈现"开天窗"之状态时，彼亦不避烦劳，必皆一一填明报名及年月日期，将"窗"一一剪下，贴订成册，其努力搜罗"自由"方面材料之勤，有如此者。

其时（约为民国十八年），先生于注意搜罗"言论自由"方面之材料而外，操持发行刊物以发挥所见。而刊物之名称即为《言论自由》，做小册形，较改版后之《生活周报》略小，刊内所载全为关于自由方面之作品，撰稿之人先生而外，更有若干追随先生研究报学之同学。据先生表示，此为世间唯一讨论言论自由之刊物，时余正在上海无业闲居，与先生颇多文字之缘，曾亦嘱为该刊撰稿，顾后终以研讨他种问题稍忙，未一及此。而该刊出版仅三期而停刊，原因系以稿件、经济，两皆困难。于今追思，余实有负先生指导之苦心，内疚良深。先生拥护言论自由之思想，除发表于上举之刊件中而外，其所著《中国报学史》《新闻学撮要》《从东北到庶联》等著作中，亦颇多所表现，即在为上海记者公会所主编之《记者周报》中，亦可寻得若干拥护言论自由之作品，出于先生手笔，设后谋生而外，稍有余暇可容喘气，当就上举各种出版物中，尽将先生提倡言论自由之宏论，录成专编，加以注释，略略一尽纪念先生之心焉。

兹并略记某次上课时与先生相论"自由"之谈话，先生在言辞之间，表示"言论自由者，乃言论受正义所支配云尔，其不肯或不能接受正气支配，或达反正义之言论自由，我人不复可认之为自由，何则，此种自由势将引人入于邪恶，虚构伪善也"。余当将其意更引申，谓依是而论，自由当非"随心所欲"之谓，谓当"从心所欲而不逾矩"，庶乎近之，先生当亦首肯。则其所拥护而力主张之言论自由，涵语殆即若此，今日回想此番谈话仿佛犹在昨日，不禁为之神往。

尽力新闻事业的戈共振

梅 子

人生多么渺茫啊！那尽力新闻事业 23 年的戈公振氏，这次回国不过一星期，就因急性盲肠炎转腹膜炎，割治无效，前天下午死在虹桥疗养院了！这不但是新闻界巨星的陨落，也是文化前途的不幸！

戈氏从民国二年起，献身新闻界，主本市时报笔政，经过 15 年之久；纸面设计的进步，很受青年学生的欢迎。所著《中国报学史》，材料丰富，分析周详，更得着新闻界和文化界同声的赞扬。民国十六年出洋考察欧美日本新闻事业，出席那年 8 月在日内瓦举行的国际新闻专家会议。回国后任职本市申报。21 年任中央社特派记者和国联调查团由东北转往欧洲，游历各国，留欧三年，本月 15 日才又转回上海。我们正期待着二次回国的戈氏，对新闻界学术界更有惊人的贡献，哪料他"时才一周，人却千古"！

无疑的是，因为 20 年的铅椠劳形，早已损伤了他的健康，这次盲肠炎转腹膜炎，又在舟车劳顿之后，所以他终不能抵抗那无情病魔的蹂躏。他一生为新闻事业而奋斗，而努力，而这新闻事业刻苦的工作，反夜为昼的生活，关山跋涉的勤劳，就减短了他的寿命，可不知这乱世社会对于为这社会牺牲的人，究将有多少的酬报！

我们这新闻圈内执笔为活的一群，和我们先死者处相同地位有相同命运的不知多少！吊死哀生，我们安得而不痛哭！笔者和戈氏虽只在五年前有一面之缘，但对他的学力与精神，钦佩很久。这次满望再和他论交谈故，可是秋风瑟瑟，落叶萧萧，我们的一个无冕帝王，就要长埋在一抔黄土中了。临文怆怀，勉唱一阕。

大江东去

帝王无冕，

只凌空，长啸气吞龙虎。

岂与俗尘争进退？

宁愿铅椠为伍！

纸贵洛阳，

文传宇内，

一笔千钧斧。

念年诛伐

歼除多少狐鼠！

两度万里重洋，

黄沙载道，历尽关山苦！

志士归来同仰望,

讵意膏肓难补!

瑟瑟秋风,

萧萧落叶,

相视尽无语!

时才七日,伤心人已千古!

（原载于 1935 年 10 月 24 日《时代日报》）

名记者

贝　子

以一个书店学徒，辛勤力学，竟自造成名记者的戈公振先生，埋藏在地下，已经六个年头了。他自始至终是位最忠实的新闻从业员。

戈先生江苏东台人，虽旅沪数十年，依然操得一口江北腔，从十几岁入有正书局为学徒，因为勤劳，渐渐为狄老板所识拔，而为时报校对，为采访，苦心地无师自通地读古文读时文，进而读英文，读日文，虽不能说一句英语或日语，可是他最后竟能看英日原版书了。

民国十九年，戈先生出席日内瓦世界新闻会议，人总以为戈先生沾了一身洋气回来，其实他回国后依然宽袍大袖，十足的还是一位乡愿，这时他进了申报馆，并在大夏和复旦教新闻学系的课，上讲堂期期艾艾，讲起书来好像怪难为情的样子，而学生总特别敬重他。他向申报馆建议许多改革的方针，一项也不被采纳，他只得闷闷地替申报办一份图画周刊，这图画周刊在中国报界独一无二，材料都是有意义的新闻图片，绝不用

什么明星裸女为号召。

他在申报馆时，住家是在辣斐德路上的一座三层小洋房，房主人因为是戈先生居住，每月房租只收四十元。他午出而中夜始归，不用包车，不乘电车，都是苦着两腿跑，家里的事务，由他的一位寡妇妹子管理，他的夫人，早在数年前受了戈先生的培植，在大学毕了业，而竟脱离戈先生而去，戈先生从此抱了独身主义，誓不再娶。

他又以私资培植一个侄儿在大学毕了业，通日俄英法四国语言，受知于张竹平，戈先生促成梅兰芳到俄国的一次，这位侄子也以四社通讯员的资格一起前去。

戈先生的住室内，四壁图书，都是日英原版的新闻书籍，收藏世界各国的报纸，也是洋洋大观，生平绝无嗜好，吃饭最喜欢吃炒鸡蛋，戚友邀他聚餐，必备此味。

一度随李顿调查团赴东北，从此政府屡屡邀请名流会谈，戈先生总在座中，人们以为戈先生官僚化了，其实政府一再请他在外交部当顾问，当司长；他一概谢绝，宁可在申报馆月收入三百元的公俸，过他的儒素生活。

戈先生不曾见到这一次东西洋的大惨剧，早安眠在上海公墓里了，我们看不出他有什么伟大的人格，我们只是永远崇仰他的辛勤力学，守素安贫，成功不矜，位高不就，我们更可惜他丰富的新闻学识，抱着改革中国新闻事业的大志，而扼于野心的资本家报馆当局，终不能展其抱负。

（原载于 1941 年 7 月 16 日《中华日报》）

我与戈公振

顾执中

我们祖国的新闻记者，在解放前，当祖国陷于可耻的半殖民地的地位时，他们用笔战斗，跟帝国主义者斗，要求取消不平等条约，要求收回租界；跟军阀斗，不论是北方的，还是南方的，反对他们媚外卖国，日寻干戈，残民以逞；跟日本帝国主义斗，反对他们侵略中国，发动"九一八"事变，攫取东北四省，发动"七七"事变，全面发动侵华战争，长达八年；跟国民党反动派斗，反对蒋介石的打内战和对日不抵抗，反对蒋介石的独裁，使人民的生活陷于苦难的深渊，跟一切反动统治者斗，支持人民革命力量的解放战争，缔造新国家，建设新国家。在我们的记者中，在那时，有的被军阀枪杀，有很多在上海被日伪特务枪杀，前仆后继，从不退缩。中国的记者，其战斗是勇敢的，其贡献是伟大的，世界上没有任何国家的记者能与之相比，他们都是好记者。戈公振先生，就是那时为大家所知道的一个好记者，他忠实而又进步，好学而又努力

于新闻教育。虽然他的辞世迄今五十年，人民还是没有忘掉他。

我于1923年进入上海的《时报》馆当外勤记者的时候，公振已在《时报》工作，主编《时报》的星期画报。那时他已三十三岁，我则仅二十五岁；他已在《时报》工作了九年，我则是初出茅庐，双脚只在新闻界走出了第一步。那时的《时报》由狄楚青卖给了富人黄伯惠，狄对文艺有深造，在他手中培育出的《时报》，盛开着文艺的花朵，为知识分子所喜爱。比及那个庸俗商人黄伯惠接手，他请陈景寒（号"冷血"）为挂名总编辑，老学究金剑花为实际总编辑，把那位富有思想与才能，业已在《时报》工作多年，对《时报》革新做过不少贡献，首创《图画时报》的戈公振，放在二层楼的小室中，像在冷藏库中，编星期画报，真是《时报》的损失。我是在三楼的编辑部工作，一有余暇就下去和他叙谈，他生得身材高而雅驯，待人谦和，工作勤谨。他对新闻教育十分重视，早在二十年代，他在南方大学、大夏大学等校，教授新闻学，这样再挨过了三年多的在《时报》馆的"冷藏库"的生活，公振就于1926年冬离开了《时报》馆，悠然搭法轮到欧洲去旅行与考察。我呢，也于那年末，离开《时报》而转到《新闻报》当外勤记者了。

公振在国外的活动我未注意，不过他曾写了不少考察的文章，在报刊上发表，跟我常布鱼雁往来。1928年秋，从他的复信中得知他就要回国了，我就跟他在信中讨论回国后的工作问题，我希望他进《新闻报》，他复信表示可以考虑，至于《时报》既不重视他，他也弃之如敝屣，自然不成问题了。我向《新闻报》当局提出邀请公振加入《新闻报》的建议，报社当局也同意，但不甚积极。这样，当1928年年底公振返国抵上海时，就为《申报》主人史量才所抢得，改在《申报》工作，任总管理处设计部主任。可是公振进入《申报》后，也未能得伸其抱负，得展其所长，原因是以陈景寒为首的《申报》编辑部壁垒森严，把守得像铜墙铁壁，不容他人闯入，史量才自然不敢动摇他的报纸的阵脚，只好把戈公振、李公朴等新人物，另做安排。公振乃负责为《申报》编画报，李公朴则在大陆商场，以大部分精力办量才补习学校。

《申报》原是没有星期画报增刊，经公振这一来，使《新闻报》大为震动，生怕《申报》从此增加销数，超过《新闻报》，使《新闻报》广告减少，影响经济收入，于是也同时增刊了星期画报，由我负责编辑，直到1932年"一·二八"运动上海第一次抗战后，双方才同时停刊。

戈公振是英勇而爱国的新闻记者，虽然比我大八岁，精力也比我差，而当上海"一·二八"抗战行将结束之际，他仍参加了国联李顿调查团的中国代表团，他和我两人冒险进入东北日寇所侵占地，调查和采访在枪刺下生活的东北人民的实况。因只有公振和我两人代表全国报社前往虎穴活动，我比较年轻，所以上海日报公会就要求我把所采访得到的、写的消息，不能只供给上海《新闻报》一家，还要同时供给上海《申报》，天津《大公报》《益世报》和北平《京报》，我因急于完成这一任务，就比公振提早离开东北，赶返天津写稿和发稿了。

那次公振和我一起从上海追随李顿调查团和顾维钧率领的中国代表团乘火车赴南京，略事停顿，全团即搭军舰从南京赴汉口，又从武汉搭原舰到南京下关，改搭火车到北平。一到那里，虽然还不是日寇占区，却是日寇的势力范围，情况就严重起来，几天后，全团又离平津到塘沽

乘中国军舰赴大连，那里就是日寇的侵占区了。

一路行来，我跟公振同搭一火车，同乘一军舰，到大连与沈阳等地的狼穴中，又同住在一旅馆，所以我们的情况，彼此都了解得清楚。据说他在离北平前，曾写下遗嘱，交给他的堂弟保存。从外表看，他始终是坦然无所惧，没有一些惊慌失措之状。一进入沈阳，李顿调查团及中国代表团都给敌方安顿于大和旅馆，即现在的辽宁宾馆。我和公振的房间同在一层楼，各据一室，情况确是严重的，可是因为国际和外交上的原因，日寇只派了许多日本特务公开地追随我们。李顿爵士和五国调查委员，以及中国代表团长顾维钧，各有日本特务四人，其余团员则各有两人。我蒙日寇特别"照顾"，也有四个日本特务寸步不离地跟着我，因为我在东北的"名气"比公振大，"九一八"事变时，我即进入东北，写了长篇的对日帝不利的报道，他们记忆力很好，对我恨如刺骨，见我这次又敢来，就加倍地"照顾"我了。这些日本特务对公振和我说："我们不是来监视你们的，是来'保护'你们的，东北的'土匪'多，治安不好，你们不要背着我们乱走，以免遭到不测和危险。"明知这是威胁，可是我们不能理它。公振有一天潜出宾馆，去到城内张作霖所住的帅府及其北大营各地视察，为日寇所发觉，当即被日伪宪警拘留，后经代表团交涉放回。翌日，日寇的御报《顺天时报》竟刊载着"排日记者顾执中偷看帅府"的消息，代表团中人看见了，都为我捏了一把汗，为我担忧，我却无动于衷，自幸对公振无形中起了些掩护的作用，使他的工作更有收获了。我获得了足够的消息后，即赶紧离开东北往天津，在旅馆中关起门来，写我的长篇报告《东北吁天录》，分送南北报社发表，公振则迟至数星期后才返。有的史料说他遭到逮捕，则不是事实。

从东北回上海后，公振在《申报》仍无法展其所长，他于是就在那年，即 1932 年秋，又出国远游。这次，他对国内外局势看得更清楚了，思想上更有进步了，就长住在苏联首都莫斯科，从事对苏联的研究。1934 年 2 月起，我偕爱人出国旅行，在法、英、意、德、奥地利、捷克、波兰等国，度过了一年多以后，我从西欧到苏联旅行，1935 年 4 月下旬，到达莫斯科时，他曾和他的侄儿宝权到车站来接我，并将我安顿于红场附近的一所大旅馆中，处处照料我，令我心中万分感激，但我夫妇二人无法在苏联久住，因为苏联的生活费用远比英、德为高，我们旅囊羞涩，不能久留，一个多月后，就离苏联而去但泽和丹麦等地旅行了。我们于那年夏天到了美国，秋天到了日本，九月底从日本门司乘日轮赴塘沽返回国，经历了天津、北平、武汉、南京后，于 1935 年 10 月上旬，回到了上海。

我们乍回上海，正忙于会晤久别的亲友和处理杂务之际，不料公振也取道西伯利亚，经海参崴南下返国，于 1935 年 10 月 16 日下午抵达上海。我未得消息未到码头去接他，更不知他下榻何处，未到旅馆去看他。我正要设法去看他时，又不料他竟以盲肠炎于 1935 年 10 月 22 日溘然逝世。他返国在沪，仅一星期，竟匆匆离开人世，实使人伤心！他仅享年四十五岁，一代好报人，就如此含恨以终。

那时，我沉思如果公振不死，他将怎么办呢？在他于 1935 年 10 月中回到上海以前，在上次，即 1928 年年底，第一次回国时，十分器重他、尊敬他而邀请他加入《申报》工作的知己史量才，已于 1934 年 11 月 13 日，在沪杭公路上，为国民党特务所杀死了。《申报》中再也没有知己

去邀请他参加工作了。《新闻报》馆中，也没有伯乐，识此报业中的千里之马。至于反动的国民党政权，那时正势焰熏天，镇压人民的抗日救亡运动，任意把进步人士当作共产党加以残杀，他们反苏反共，对戈公振这个爱国的进步的报人，不但不欢迎，又岂能容忍。所以当时有不少人说，公振的突然死亡，是一种政治方面的阴谋，虽乏实据，却不为无因。一代好报人像戈公振先生有才识，有学问，著有《中国报学史》等巨著，虽是旧社会出身，却有新思想，新进步，处处显示出他爱国爱人民的言论和行动，但他竟是道大莫容，许多人漠视他，不了解他；有的人器重他，但是无法使用他，使之在中国的新闻事业上施展其才能；自然还有些反面的人嫉视他的进步，不能与之相容。

在旧社会，像戈公振先生那样的好报人，往往要历尽艰苦，或才获得一些成就，或竟不幸抑郁而终，一无施展其抱负的机会。生不逢辰，公振若生于今日，必能有以自见，不致赍志以终。

屈指，公振离开我们西去，已是匆匆五十个年头了，叨在是同业，又同事，追悼之余，写此以为纪念。

（原载于 1985 年《新观察》第 20 期）

公振兄在申报

马荫良

1935 年 10 月 15 日公振由苏联乘轮返沪，投宿四川北路新亚饭店，电话告我，他 16 日上午看狄平子，下午约我一同去史量才家吊唁，第二天看邹韬奋。我遵约于下午二时驱车前往新亚饭店，伴公振同赴史宅，吊唁毕，即在史宅相谈两小时，主要是国际、国内形势，国内新闻事业情况和在沪友朋情况等等。我约他到我家聚餐，因我爱人林德馨是由他介绍相识而结婚的，她也很想看望公振，公振认为旅馆中有友朋来访，还是回旅馆为好，我即驱车伴赴新亚，我返申报馆工作。自从 1934 年 11 月史量才惨遭暗杀后，我代理总经理职务，内外事务，集于一身，日不暇给，每至深夜才能回家。10 月 20 日下午三时，我工作稍暇，再去新亚饭店，入门见公振，面容憔悴，精神疲乏。问及数日来情况，他指桌上请柬、名片，累积成堆。正如陈学昭在悼文中说的："忙于无谓的应酬中。"我劝他去检查，有病早医，同时可以休息，他完全赞同。我即在房内与

虹桥疗养院院长丁惠康（我的同济大学同学）通电话，知有单人病房。公振当即留条交服务员，和我驱车赴医院。医生检查、诊治、治疗情况以及董秉奇医师（即为黄炎培施行盲肠炎手术的医师）会诊、手术经过和公振逝世后解剖报告，俱见报载，不再赘述。阔别三载，正期再得共事，不料匆匆一周，即成永别，痛甚！

我初识公振于1925年5月30日"五卅"惨案后，是由杨贤江（中共地下党员）介绍的。当时杨贤江在商务印书馆编《学生杂志》并助编《教育杂志》，我在同济大学读书，从投稿中相熟。1925年"五卅"惨案后，我约杨贤江、侯绍裘、恽代英、杨杏佛等来校演讲，并为讲稿做笔记。大约1925年秋，公振约杨贤江主编《时报》教育周刊，杨贤江介绍我为《时报》投稿，约我于一个星期日在《时报》相见。其时狄平子已将该报出售于黄伯惠，任金剑花为总编辑，公振仍名为副总编辑，实际上不参与编务，仅编图画时报及各种副刊，很不得志。三人见面后谈教育周刊需要内容，希望我等投稿，并直寄公振，以免遗失。以后公振于1926年冬即辞去了工作十五年的《时报》职务，出国访问。

1928年冬，公振返国抵沪，当时史量才收买《新闻报》美国人福开森股权成功，决定改《新闻报》为华商报纸，聘董显光为总经理，戈公振为总编辑，叶公超主持评论。《新闻报》当时副总经理汪伯奇、仲苇兄弟，为保持其私人利益，煽动职工反对，并勾结上海市国民党党部、上海商会虞洽卿等登报反对，妄图没收史氏收购的股权作为国民党所有。史氏鉴于当时恶劣的形势，让出一部分股权于叶琢堂（宁波人，银行家，亲蒋），钱新之（吴兴人，银行家，亲陈果夫、陈立夫），并维持原有该报副总经理和副总编辑。

史氏收买美国人股权的目的有三：一、改组《新闻报》为华商报（这点已做到）；二、改订上海日报公会会员章程，只有华人自办报纸才有会员资格，外商报纸不能成为会员（这点也做到）；三、改组《新闻报》成为中国人民爱国的文化事业（这点因董、戈被拒入馆而不能做到）。

在这场纠纷中，史量才和张竹平（当时《申报》经理）曾详细将股东人名和内定总经理董显光总编辑戈公振函告邵力子（当时任蒋介石总司令部秘书长）。邵氏始终主持正义，认为党政军机关不应插手干涉，一场轩然大波才告平息。兹将邵力子复张竹平信复印本，以资证明（我在邵力子诞生100周年纪念册《和平老人邵力子》一书中比较详细提及，见该书第74页）。

史量才因公振不能进入《新闻报》，即任公振为总经理助理，在总经理室办事，负责调查研究，调整机构及内容改进等事宜。

1929年5月创办"图书资料参考部"开始剪报工作，为编辑部及时提供材料，用以撰写评论和专论。1930年5月创办《申报图画周刊》。我于1929年8月进《申报》，也在总经理室工作，开始和公振共事。

1930年冬天，史量才和当时总编辑陈冷、经理张竹平在政治上发生分歧并解除其职务，由原副总编张蕴和任总编辑，由我任经理。适陶行知从日本隐名返沪，建议史氏成立总管理处，改组《申报》，以便走上革新道路。

1931年1月，史氏在总经理下成立总管理处，全权处理馆内一切工作，任陶行知为顾问（当时不公开），黄炎培、戈公振为设计部正副主

任，史量才（总经理兼）、马荫良（经理兼）为总务部正、副主任。从此，我和公振一直同室共事，至1933年春，他再次出国去苏联访问。

公振是一个爱国报人，他的"办报为救国"的宗旨，与史、陶、黄三氏的完全一致。早在1926年《中国报学史》自序中，他写道："军事扰攘，岁无宁日，吾人欲挽此危局，非先造成强有力之舆论不可。报纸既为代表民意之机关，应摒除己见，公开讨论，倡导民众之动作，入于同一轨道。"史氏主张办报必须维护人格、报格、国格，和丧失人格、报格、国格者不屈斗争，更为全报所钦佩而奉行。在志同道合的总管理处指导下，《申报》在各方面都有显著的革新，成为《申报》史上最光辉的一页。

1931年"九一八"事变后，公振收集东北沦陷后的照片、新闻配合《申报》时评、专论和专著，在画刊发表，主张抗日救国。1932年"一·二八"上海抗日战争起，公振所编画刊因印刷厂被毁，不能出版（1932年1月24日第36期为最后一期），公振积极参加上海文化界和新闻界的抗日救国运动。1932年3月，当上海抗战因日军大队在浏河登陆而不得不撤退时，国际联盟派英国李顿爵士为调查团来上海，中国代表团以顾维钧为团长，公振以日报公会记者身份，随代表团去东北访问。1932年9月，公振又以记者身份与顾维钧赴日内瓦参加国际联盟讨论有关日本侵略中国问题的特别大会，并受上海日报公会委托（代表中国新闻界），出席国际新闻会议。

1933年3月，中苏两国在日内瓦宣布恢复邦交，公报随中国首任驻苏大使颜惠庆赴莫斯科，辞去《申报》职务，直至1935年10月返沪，共三年半有余。在苏访问通讯均刊《申报月刊》和《生活周刊》。

　　"一·二八"上海抗日战争时,邹韬奋与公振等友人有创办《生活日报》的建议,拟约戈公振、李公朴、陈彬和、吴颂皋参加。当时四人都是《申报》骨干,公振是总管理处设计部副主任,陈彬和是主要评论执笔人(抗战后期投日本海军上海占领军,接收《申报》为社长),吴颂皋是主要特约评论撰稿人(抗战后期投周佛海,周任上海伪市长时任秘书长),李公朴正在筹备《申报》流通图书馆及《申报》附设补习学校等。韬奋曾亲笔函请史量才,并由黄炎培征求同意。史氏坚决不同意。因史氏用人有一个坚定的方针,就是在馆专职,可任学校教师但不能在外兼任其他职务。如有经济或其他困难问题,由《申报》或史氏本人负责解决。史氏本人就是从教育界兼新闻界工作,最后专任新闻工作的,那么,为什么史量才会同意这四位担任《生活日报》的筹备工作呢?我清楚地记得,大约在 1932 年 3 月,在史宅的一次长达三小时的谈话,除史氏外,参加者黄炎培、韬奋和我共四人,谈话的范围极广,从国际国内形势、中国新闻界情况、中国新闻工作者的努力方向,这些大家完全一致。最动人的是韬奋的最后一段话,他说:"《生活日报》是一支轻骑兵,《申报》是大部队,将来《生活日报》打前哨战,《申报》打阵地战,互相配合,为共同的政治目的而奋斗。"这时,史量才第一次同意《申报》同时兼任其他新闻单位工作,也是他生平唯一的一次,令我印象极深。于是韬奋在 1932 年 4 月 2 日在《生活周刊》公布《生活日报》干部姓名。

　　除上述四人外,其余三人为杜重远、毕新生和韬奋。不幸的是,《生活日报》迭遭压迫,不得不于 1933 年 10 月 22 日宣布停办,发还股款,

韬奋最后也被迫离沪出国，其时公振早已赴苏联了。

值此公振 100 周年诞辰之际，追忆公振在《申报》的情况，有些是当时不便公开的而在中国报业史上很有价值的史料，是后来者的职责。惜我年老体弱多病，记忆力衰退，文件多在"文化大革命"中被毁，挂一漏万，倘有错误，希读者指正！

1990 年 6 月 20 日扶病写，时年八十有七

第二辑

不吝其力　提携后进

上海报学社

司徒龙

　　中国报学先进戈公振先生之死，新闻界莫不同声一恸。论戈先生一生的事业，实泰半为树立中国新闻事业的基础工作。如服务于报馆、当记者，做编辑；教授新闻学；访询于国际著译报学书；创立报学社：莫非为报业尽瘁。当戈先生去世时，报载生平事略，说及先生创立报学社事，谓："曾任各大学新闻学讲席，循循善诱；并发起中国报学社，从事新闻学之探讨。"

　　这固然说得简略，但又把戈先生发起的上海报学社误写成中国报学社。戈先生旁的事业，现在已有许多人为文记之了，而报学社尚罕有说及者。它的存在，对于中国新闻事业研究之策进，是有很多的援助的。所以我们现在用准确的史实来记载它一篇：

　　上海报学社成立于民国十四年（1925）。那时候戈先生正在国民大学教授新闻学，而当时各大学设新闻学科者亦颇多。联络各校报学同学在同一组织之下为研究报学而一致努力,实为共同之理想。在这年的11月,戈先生于是发起组织报学研究会,于11月19日在戈登路国民大学第二院开筹备会,到者除国民同学外,尚有大夏大学同学,首先提议该会名称,议决保留至下次开大会时决定。27日开大会,决定名称为"上海报学社",通过草章,并选举黄养愚、周尚筹十五人为执行委员,29日就在大夏大学礼堂开成立大会,到者有社员五十余人,和戈先生等。戈先生演讲云:

"中国自汉即有邸报,为世界最早之报纸,现与各国比较,几至落伍,甚属可耻! 但经济不足,交通不便,亦为报纸发达之阻碍。然人才缺乏,更为阻碍之重大原因。近年各大学渐有报学科之添设,诸位今创报学社,研究报学,社员亦极踊跃,甚为可喜。"可见戈先生对于报学社的期望是很大的。

后来光华大学报科同学也加入,社中又出版《言论自由》杂志,蜚声海上,社员渐渐分布于四方,人数日增,于是在1930年10月12日成立了"上海报学社杭州分社"。分社开幕之日,戈先生特赴杭参加典礼,并举行公开演讲。

民国二十年(1931)秋,上海报学社征求社员,加入人数极多,如蒋光堂、成舍我先生等亦都加入。社务进行本极顺利,旋因东省事变"一·二八"淞沪战相继而作,戈先生自己亦复出国考察,社务于是无形停顿。现在戈先生虽已病故,这事业的基础应仍安好存在,当有望于他的同志们奋起而光大之也。

〔补白〕

戈公振之子

仲　龙

前读《朝报·副刊》高二适君挽戈公振诗"遗稿几编犹在箧，孤儿五尺欲当门"句，怅触前尘，凄然有感！当公振与其妻未离异前，伉俪间情好甚笃，于民国九年秋，举一雏，夫妇喜甚，赐名曰"哥德"，盖取西文"Good"之意（即遗孤宝树世兄）。曾邀余及戚友五六人，做汤饼会。是日筵间，嘲谑饮啖甚欢，而公振则危坐室隅，读一西文书籍。余戏谓"'雏凤清于老凤声'，公尚欲作老博士耶！"公振微笑而已。

（原载于 1935 年 11 月 2 日《朝报》）

叔父对我的影响

戈宝权

　　我的叔父戈公振，是我国 20 世纪二三十年代著名的爱国进步新闻记者，是我国新闻学和新闻事业史研究的开拓者，又是我国早期新闻学教育的倡导者。他为了革新我国的新闻事业，奉献出了他毕生的精力，做出了卓越的贡献。1931 年"九一八"事变和 1932 年"一·二八"淞沪战争前后，国难日益深重，他积极宣传并参加抗日救亡运动，1935 年他临终前还说："国势垂危至此，我是中国人！当然要回来参加抵抗侵略者的工作。"表现出了他作为一个伟大的爱国主义者的胸怀。今年的 11 月 27 日是他诞辰的一百周年，10 月 22 日又是他逝世 55 周年的忌辰，想到在他生前，我同他相处和生活在一起的时间较长，得到他的亲切的关怀和教诲之恩也很深，因此在他诞辰和忌辰来临的时候，无数往事不禁萦回在我的心头！

　　我永远不能忘记：当我童年时，他曾送了一盒积木给我，他在盒盖

里面用工整的小楷写了这样两句话:"房子是一块砖头一块砖头造成的,学问是一本书一本书读成的。"尽管这盒积木早在童年时就散失了,但他写的这两句话却深深地铭刻在我的脑海里,而且对我后来的生活、工作、学习和思想,都曾发生过很大的影响。

我永远不能忘记:当我十岁时,他从上海寄了一套《托尔斯泰儿童文学类编》给我,并在封面上题写着"宝权侄览,公振寄"的字样。我把这套书一直保留到今天。我珍贵这套书,一方面是因为封面上有他的亲笔题字;更主要的是因为这套书为我打开了一扇通向俄国文学的窗户,更何况我最初接触到的俄国文学,就正是俄国伟大文豪托尔斯泰的作品呢!

我永远不能忘记,当他1928年年底第一次从国外访问归来,我正在上海大夏大学读书,我曾到四川路青年会的宿舍和海防路国民大学的新校舍去看望他。后来我又住在他新租的辣斐德路(现复兴中路)的房子里,协助他编印再版本的《新闻学撮要》,并编辑他的新著《世界报业考察记》。

我永远不能忘记:当"一·二八"淞沪战争爆发,他在环龙路(现南昌路)居住时,他积极参加抗日救亡运动,并同邹韬奋等人筹办代表人民喉舌的《生活日报》。这时他的思想发生了很大变化,记得有一次他曾对我这样说过:"我的年纪已经大了(其实他当时才不过四十二岁),我至多只能成为一个社会主义者,而你应该成为一个共产主义者。"他还鼓励我学习俄文,也可以说,从此他为我的前途指出了一个新的方向。

我永远不能忘记:当1932年3月国际联盟派李顿调查团到我国调查"九一八"事变和"一·二八"淞沪战争的真相时,他以记者的身份,参加了中国代表团，冒着生命危险去东北调查。他预料这次出关，可能遇到不幸，但为了国难，他还是毅然前往，并在行前写下了遗书留给我的姑母绍怡。他到了沈阳后，曾先后三次前往城内调查访问：最后一次被日伪警察拘捕，但旋即被释。他返沪后，为《申报》写成了《东北之谜》的长篇通讯，揭露了日伪侵占和统治东北的全部真相。

　　我永远不能忘记：1932 年 9 月，他又随同国际联盟调查团前往瑞士日内瓦，参加国际联盟讨论有关日本侵略中国之问题的特别会议。1933 年 3 月随着中苏恢复邦交，他又去苏联参观访问，留苏前后将近三年，写了不少有关苏联的建设和人民生活的通讯。在他的帮助下，我在 1935 年 3 月作为《大公报》的记者，与《新生周刊》和《世界知识》的特约通讯员也到了莫斯科，我们曾同住过几个月，协助他写成了《梅兰芳在苏联》和《最近苏联人民生活的一斑》两篇文章。

　　我永远不能忘记，1935 年夏天，他接到邹韬奋两次来电，催他早日回国创办《生活日报》。他在 1935 年 10 月中旬经海参崴回到上海，不久就因病住院开刀，继之因病情恶化离开我们长逝。我当时虽然不在他的身边，但从他的遗言中知道，他要我整理他的《中国报学史》和他的访苏通讯，1961 年 12 月，我和姑母在上海他的旧居整理他的遗物时，又发现他给绍怡姑母写的一张遗言："苏联游记由宝权续成之。"多年来我没有忘记他的遗嘱，两次整编他的遗著《中国报学史》：第一次于 1955 年由生活·读书·新知三联书店出版；第二次于 1985 年由中国新闻出版社出版。他的遗著《从东北到苏联》，也经我整理和补充于 1948 年由湖南人民出版社出版，列为《现代中国人看世界》丛书之一。他的遗

物，包括手稿、剪报和图书，我们都珍贵地保存着。由于他生前撰写《中国报学史》时，曾在上海徐家汇天主教堂藏书楼度过了很多时光，得到不少珍贵史料，因此我们把他的藏书，全部赠送给上海图书馆徐家汇藏书楼珍藏；他的其他遗物，也全部捐赠给东台的戈公振故居纪念馆收藏和陈列。

我永远不能忘记：1980年当他90岁诞辰和45周年忌辰时，我应《人物》杂志之请，撰写了《回忆我的叔父戈公振》的长文，1985年当他95岁诞辰和50周年忌辰时，中国新闻界、文化界和出版界的人士，在北京的政协礼堂联合举行了纪念会，他的生前好友胡愈之主持了这次会议。他在会上说："戈公振先生是我国二十年代、三十年代著名的爱国的、进步的新闻工作者，他不止是个优秀的新闻记者和我国早期新闻教育工作者，同时，也是个中国新闻史研究的开拓者。"胡愈之在大会上还称他是位"伟大的爱国主义者。"

在纪念叔父百年诞辰之际，谨作此文以表达我对他的追念与缅怀之情！

（原载于 1990 年 11 月 25 日《盐阜大众报》）

服府戈先生的话

黄寄萍

近十年来，我们新闻界，人才寥落，使我时常怀念的，为谢介于、康通一、史量才、戈公振诸先进，这两年为了政治关系，而遭戕害的，还有好几位。上述诸公逝世的原因不一，而戈先生牺牲于庸医之手，确是很悲伤的。流光如矢，戈先生逝世距今已四个年头，我们为追念戈先生尽瘁报业 20 余年的勋绩，特为编行特刊，以示敬仰之意。

忆四年前的今天，我们为戈先生治丧及办理善后，如筑墓殡葬立碑铸像，遗孤教养，及遗著刊行……都办理得相当妥善，戈先生可说是"社会人"，所以好友们不惜费去精神劳力，以慰这"社会人"的幽灵。

我和公振先生，公谊私交，有异乎寻常的密切，六年共事，身心学识方面，得其助力不少，饮水思源，痛悼弥深！值兹四周年纪念，我蓦地想起了他当年遗留给我的三件事，我认为极其尊贵，拳拳服膺，永世勿替。

第一，报业为专业。他说："你是年富力强的人，只要好好地干下去，将来会有满意的希望与成就。假定一个人见异思迁，知难而退，做了这样，换了那样地干，即使干到老，也是百无一成的。我们既身任记者，便当以报业为专业，忠于其事，始终不渝，那就行了。"

第二，努力于本职。戈先生生前对自己的职务非常认真，从不苟且，所以他劝我们年轻人勿好高骛远，勿争名逐利。一天，正是他准备二次游欧的时候，有这么几句诚恳的话："在中国不做新闻记者则已，要做便要做第一流报纸的记者，像你这样年轻，好容易进入申报，应该有始有终，为申报努力。……"语重心长，可见一斑。

第三，认清我地位。新闻记者是最有趣的自由职业，在外国尤其是神圣不可侵犯，在社会上也是"小人之中不算大，大人之中不算小"的地位。唯其如此，与各方面容易发生关系，即在此际，须得认清我地位，要有不屈不挠，所谓"威武不屈，富贵不淫，贫贱不移"的精神。

上述三件事，看来似乎平常，然而能认真身体力行的，倒也不可多得呢。像区区则已铭诸肺腑，终身信仰，这可贵的遗训。

（原载于 1939 年 10 月 16 日《大美晚报》）

"尊闻阁"受业记

杜绍文

"师者，所以传道、授业、解惑也。"（唐·韩愈《师说》）

江苏东台戈公振先生，以中年小疾，不幸与世长辞。致命症是胃肠病并发腹膜炎。1935 年 11 月 7 日，上海《立报》曾辟专栏报道，大标题是《戈公振遗体解剖，报告全文发表》，小标题是《盲肠开刀，的确太冤，感冒发病，竟可丧命》。戈公振先生赍志以殁时，享年仅四十有五，实在是我国新闻事业和新闻教育不可补偿的巨大损失。

我由复旦同学江苏盐城王德亮（重官）兄之介，亲诣上海市汉口路309 号"申报馆"四楼戈先生工作室的"尊闻阁"请教。该阁为《申报》创办人英侨安纳斯脱·美查（ErnestMajor）所设，于 1872 年 4 月 30 日申报创刊后即命名。望文生义，系尊重新闻之发生与报道之意。足以振聩发聋，迄今仍可做新闻工作者的座右铭。

在与戈师较长时间的接触中，耳提面命，口濡目染，并精心研究其

代表作《新闻学》和《中国报学史》，从著作上吸取了什么叫"新闻"，又什么叫"新闻学"的有益养料，深刻地印进我的脑海中。

戈师教导我们："新闻要'新'要'闻'。"这就是新闻的真实性和可读性。不但要"新"，不是旧闻陈事，不但要亲耳所听，而且要亲眼所睹。还要百尺竿头，更进一步，这就是要形象化，摄影和图片，构成一条好新闻的新武器。例如，戈先生所办的《时报画刊》和《申报图画周刊》，可以说是两张新闻形象化的具体表现。真实性是任何一条新闻的第一生命力，任何虚假新闻，哪怕是万分之一，也是绝对不容许的，形象化是新闻吸引力的主要手段。平淡无奇，平铺直叙的陈腐描写，使读者阅后，有如过眼云烟，稍纵即逝，不能算得上一篇好新闻。

东台戈公振和九江徐宝璜（字伯轩，1912年公费留学美国密执根大学，回国后任北京大学教授，"北京新闻学会"创建人之一），他们两位，是我国新闻学的先驱者和奠基人。戈先生的代表作是《中国报学史》，徐先生的代表作是《新闻学纲要》，这两部杰作，是引导学习新闻学者的指路明灯。可惜两位前辈均天不假年，徐先生因脑溢血症，卒于1930年5月29日，享年仅37岁，比戈先生还早逝八年。戈先生比徐先生不仅有理论，更有实践，在他主编的《时报》（江苏松江人黄伯惠所办），亦重视社会新闻的报道，当时报坛一语双关，呼之为《黄报》，不管外界怎样品评，《时报》不愧为当时望平街一张图文并茂、编排新颖有影响、有成就的一张报章。

申报馆主人史量才，延揽戈先生主编《申报·每周图画周刊》，打出这一炮，立刻震撼了。上海望平街的报纸市场，使其唯一对手的《新闻报》老板汪伯奇、汪仲苇兄弟大伤脑筋，该报每天十三万份销路，颇受影响。

当时《新闻报》对外号称"日销十五万份，广告效力最强"（实际销数是十三万份左右，不包含本市附送的专刊），申报则实际销路约十万份。《申报》每周附赠的《图画增刊》，这是实践戈先生"新闻形象化"的成果，真是立竿见影，成效卓著。我们可以这样下如此的评语，缺少新闻形象化，满纸是干巴巴的文字叙述，就够称不上是一份受欢迎的好报纸，也是不能吸引读者踊跃购买的报纸。

戈先生一再告诉我，要做一个合格的新闻记者，应该在社会上人际间广交朋友，"多一个朋友，就多一条门路，多一条新闻线索"，其间或许良莠不齐，泥沙俱下，这也毋碍，只要站得正，看得远，虽属坏人坏事，也可"变废为宝"。

正如辛勤的蜜蜂寻找花蜜，多方设法，广寻蜜源，运用通常所说的"新闻鼻，新闻耳，新闻眼"，尽可能多地寻觅一些引人入胜的新闻。他又不止一次说：做一个名副其实的新闻记者，知识要博，朋友要多。用今天的口头术语来说，就是"人际关系"至关重要。因此，要走出"象牙之塔"的禁锢，勇敢地走上火热的十字街头。

今天攻读新闻专业的学生们，戈先生以上的有益教诲，很值得我们认真学习和贯彻，须知"闭门造车式"的想当然，凭印象，孤陋寡闻，只身奋斗，无论如何，是不配当一名饶有作为的新闻记者的。

综观今天国内研习新闻系的学生们，存在着两种错误的倾向：一种是"左的倾向"，将新闻系等同于政治系，认为纯属搞政治活动的。另一种却是截然不同的"右的倾向"，把新闻系与中文系之间，画上等号，片面以为不必读什么新闻系，只要通晓中文就行了。以上两种倾向，都

是不恰当的。戈先生向来衣冠整洁，穿着高雅，仪表堂皇，令人起敬。这些虽属个人生活小事细节，戈师却从不疏忽。

有一次晤叙时，先生告诫我，做一个符合资格的新闻记者，必须先给采访对象一个良好印象，那种不修边幅，类似名士风度的人，是不适宜进出于新闻采访场所的。

现代传播事业和工具，不但需要"硬件"等物质设施，还须辅之以"软件"等礼仪风范，新闻工作是一项高尚的职务，为了圆满完成此种职务，必须应对正常，举止端庄，随时随地以礼自持，以礼待人，一个蓬头垢面、衣履凌乱的人，必然会被人拒之于千里之外。提高到原则高度来讲，这不仅不尊重别人，也不尊重自己。

"以礼待人"是构成"人际关系"的必要原则。戈师工作处所的"尊闻阁"，后改名为"量公纪念堂"，以纪念申报馆主人史量才，今已荡然无存。原阁在四楼，当时中国报业中心的上海望平街，是一幢较高的现代化建筑物，有电梯上下。由汉口路 309 号大门进出，有一条不成文的规定，大门只准职员出入，工人则一律自望平街边门进出，我每次至"尊闻阁"听课，戈先生必亲送至四楼电梯门口，揿动电钮，送我下楼，然后返归，这种纡尊曲贵的谦逊作风，迄今仍深留在我的脑海中。这些良好品质，凡从事新闻工作者，必须念兹在兹，拳拳服膺。我在以后岁月，从事复旦大学新闻学系的教学中，经常教育学生们要以戈先生言行为楷模，希望他们要学习前人的渊博学问和谦逊作风。

1990 年 9 月于上海"有所不为斋"作

尊敬的长者戈公振先生

陈学昭

尊敬的长者戈公振先生离开他热爱的祖国和人民已经五十年了！1944 年 10 月 22 日在《新华日报》副刊上曾有我写的《追念戈公振先生》，收在散文集《野花与蔓草》里；文学回忆录第一集《天涯归客》中又写了戈公振先生，我受到尊敬的戈先生的教诲和帮助是永远写不尽的。我从小失去了父亲，在兄长的严厉管教下长大，他们总算遵照父亲的遗嘱，给我念了几年书。母亲在我十五岁就病瘫了。17 岁开始离家教书，写点东西，自谋生活。戈公振先生成了抚育我成长的父亲。1924 年在上海《时报》元旦征文：《我所希望的新妇女》，我应征的稿被录取第二名，从此开始和戈公振通信，后来去拜望他，当时他是《时报》的主笔。从 1924 年到 1935 年，这 12 年，通信是不断的，也有机会面叙。1927 年 6 月我到了巴黎。初秋，有一天，收到戈公振先生的信，告诉我，他就要到巴黎来了。一天下午，他找着了我。戈先生这次出来，要访问许多国家。在

巴黎，停留了三个月，他带我参观了好多地方，有一次，他和他的一个熟人夏奇峰先生带我去参观了蒙马脱市场。对于法国社会的一切情况进行深入的调查研究，他珍视资料，对各种各样的资料都收藏着。有一次，我到他住的旅馆去看望他，他正开着箱子，在整理资料，给我看了一些公共汽车票、剧院的戏票……在这样的忙碌中，他还挤出时间学外国语，日常需用的法语已经说得熟练了；英语更熟练。桌子上总是放着书和报纸。他生活这样朴素，没有嗜好，不抽烟，不喝酒，只是珍爱用以学习的书和报。

一天，戈先生问到我的学习情况，我终于对他说了："也许我只得回去。""为什么？"戈先生问我。我说："经济困难。"他当即给我介绍了工作。就这样，我担任了天津《大公报》驻欧特派记者。我注意到，当公振先生和人们接触时不爱讲话，例如，有一次我跟他一同到我国的驻法领事馆，他很少讲话，耐心听别人讲，哪怕是一些听起来很明显的不合情理的话，他也不出声；甚至有时听到带着挖苦、有刺的话，他也不计较。大约他看出了我有点不高兴的神色。过后，他对我微笑着说："这些……"戈先生是这样的博学，这样谦虚，襟怀又是这样的宽大。我永远不会忘记公振先生的教诲！我一辈子走的是坎坷的道路。各种各样的流言蜚语、造谣污蔑、打击折磨等会落到我头上来。我常常想起公振先生的话："这些……"然后就想开了。

经过几次劫难，我已经没有公振先生的书信——所有我尊敬的几位长者过去给我的信都荡然无存，因为国民党反动派的检查和没收给了我深刻的教训，从此我烧信成了习惯，看了两遍就烧掉——1933年在克莱蒙大学的G教授一再劝我写博士论文，为的是劝我留在法国工作。有一个资历，分配工作可以较理想。他一再动员我写信给巴黎大学东方语言学院院长兼教授格拉奈先生，我写了一封简单而客气的信，格拉奈先生非常高兴，立即回答我，建议我写《词》。——《词学》——花了一年不到的时间写成了，经过两位教授讨论和委员会的审阅，通过了。但是付印的费用一时凑不起来，我写了一封信给戈公振先生，那时他在美国，很快就收到了他汇寄我的一千五百法郎。这笔款子戈先生一直不让我还他。在1740年深秋我第二次去延安时，被国民党反动派扣在同官，当时我改了姓名和职业，把论文证件撕碎塞在老鼠洞里。1949年8月初去浙江，曾去南昌，找到一点旧东西，大部分送了同志，只拿了几本书——包括两本《词》和两只旧皮箱回到杭州。"文化大革命"时，书都被杭州大学图书馆"造反派"抄走，好些书没有还我。两本《词》也没有还。从此谣言四起，说我专会说谎，根本不是文学博士，这种话传得很远。我没有申辩。戈宝权同志曾因公几次来杭州，他对他的熟人，也对我说，在他二叔——公振先生保存在上海图书馆的藏书里，有我寄赠的一本《词》法文版。1984年年底，杭州大学新党委书记夏越炯同志、校长薛艳庄同志和副校长谢庭藩同志来看我，把他们请求戈宝权同志向戈公振先生在上海图书馆的藏书中借来《词》的原著，复印了两本给我。我叙述了这么一个过程，因为这是戈公振先生留给我的唯一纪念品了！当我翻开来，扉页第三，盖有《公振藏书》图章，旁边写着："公振·1934年12月25日。"扉页第四，是我写的："公振先生指正。学昭·1934年冬。"我看着看着，沉入难忘的回忆里，两眼模糊了。

1935年10月15日吧，我住在无锡，收到公振先生的信，他正要从

苏联动身回国来，他说他不想担任什么事情，要我替他找个清静的地方，想整理出些东西来写。当时，对于戈先生回国后的行止，谣言很多，总之，有人是讨厌他回来的。国民党反动派憎恨他、咒骂他、讽刺他太赞扬苏联了。从戈公振先生的信里，我感到他需要安静下来从事写作的情绪。在太湖边上，替他找到了一个住处，天天等着他回上海的消息。

10月23日，上海的报纸上登载着戈公振先生逝世的消息，难道这是真的吗？还是我的脑子糊涂了？双眼昏花了？我不愿相信，但旁边又分明刊有他的照片。

我立刻动身到上海去，他的遗体停放在万国殡仪馆右边的一间屋子里。抱着守在他床前的孩子，我哭了。他的面目还如生前一样，只是头部小了一点，他的脑子遵照他的遗嘱给医院取出做解剖了。虽然和公振先生分别了七年，可是回想在塞纳河边蹓躂，常常还有袁昌英姐在一起，这情景亲切得似在眼前。现在，公振先生不再说话了！

戈先生是在10月15日到上海的，最初的几天忙于无谓的应酬，20日就病倒了，当即进了虹桥疗养院，开刀的第二天，他就离开了人世！我一直不了解他究竟患了什么病，为什么开刀。我也曾听到一些传说，说他一到上海就感到肚子痛，医生替他割盲肠，一刀开下去，肠子都已是烂的。他的去世，是一个疑案。

今年2月18日我收到戈宝权同志寄给我的公振先生的著作《从东北到庶联（即苏联）》。这是公振先生去世后，邹韬奋先生负责收集编成的，这本集子从1935年12月由生活书店出版，次年3月又三版出书。然而我却还是第一次读到。邹韬奋先生在《悼公振先生》一文中写着：

　　"……一到病房外，绍怡女士即哭告戈先生有话急待告诉我。……我便三步并作两步地赶到戈先生的榻旁，见他神色较上午更差，呼吸也渐变短促起来。他很轻微地很吃力地说：'韬奋兄……我的身体太弱了……这次恐怕经不住……我有几句话……'他的声音非常微弱而且气喘渐甚，断断续续地说，我俯着头把耳朵就近他的嘴边才听得出，我想这是遗嘱的口气……他接着说：'我的著作……《报学史》原想用白话写过，现在要请叫宝权替我用白话完全写过……关于苏联的视察记，大部分已做好……也叫宝权接下去……你知道他就……很好的……还有关于世界报业考察记，材料都已有，可惜还未写出来……现在只好随它去……'

　　"我呜咽着安慰他，对他说一切要照他的意见办。至于未了的著作，宝权一定会继他的志愿，请他放心。"

　　"他很吃力，简直接不下去，停一会儿，他才说：'在俄国有许多朋友劝我不必就回来……国势垂危至此，我是中国人，当然要回来参加抵抗侵略者的工作……'"

　　"他说这几句话的时候，虽在极端疲乏之中，眼睛突然睁得特别大，语言也特别激昂，但因为太疲乏了，终至力竭声嘶，沉沉地昏去，谁在此时看着这样的神情，都不免于万分沉痛中感觉到无限的悲壮，酸楚挥泪！"

　　戈公振先生不幸去世了！"他的死因，在他逝世时一直到今天，始终是个谜。"这是戈宝权同志《写在"从东北到庶联"新版的卷首》中的话。我认为完全是这样。戈公振先生写这些文章时，正值国民党反动派统治

和白色恐怖最烈的年代，他是被国民党反动派统治暗害的。

他去得太早了，四十五岁！没能完成自己所想、所计划的工作，所要做的抵抗侵略者的工作，这是遗恨万千！然而他留下的《中国报学史》和《从东北到庶联》，给后代多么深刻的教育！可以告慰于公振先生的：您热爱的祖国和人民，在共产党领导下，经过了艰苦奋战、流血牺牲的半个世纪，如今终于跨进了实现社会主义四个现代化的新时期！全国人民齐心协力向前奋进！

我永远不忘记您给我的援助、鼓励、鞭策和教诲！我要努力学习，忠诚于党，忠诚于社会主义祖国，忠诚于人民；为党、为祖国、为人民竭尽绵力！奋勇到底！

（原载于 1986 年《新观察》第 21 期）

记上海图书馆戈公振的藏书

戈宝权

　　上海图书馆自从建馆以来，转瞬就是三十周年了。从五十年代起我就和上海图书馆保持着经常的联系。记得每次去到上海时，我都要到南京西路的上海图书馆去拜望熟识的同志们，还要到徐家汇的藏书楼去查阅旧报纸杂志等。平时我同图书馆群众工作部的同志们也有书信往来，在个人的研究工作方面，承他们给予各种帮助，代为查找或借用有关书刊，在这方面，我对上海图书馆的同志们是非常感激的！我和上海图书馆保持着经常的联系，还另有一重原因，就是我的叔父戈公振的图书，是捐赠给和收藏在上海图书馆的。最初是藏在南京西路，后来转移到徐家汇藏书楼。我不仅查阅过这些藏书，而且还把家里新发现的藏书，也陆续赠给图书馆，使他的藏书既能集中，也可能更为充实起来。

　　讲到我的叔父的藏书，捐赠给和收藏在上海图书馆，也自有它的一段因缘。我的叔父戈公振（1890—1935）是位著名的进步爱国的新闻记

者，新闻学者和中国新闻史的研究者。从二十年代前后直到三十年代初，他先后在上海的《时报》和《申报》工作了二十年之久。当他在《时报》工作时，就专心研究新闻学，并开始编写有关新闻学的著作。同时他又研究中国新闻的历史，当时他称之为"报学史"。他在一九二六年六月为《中国报学史》写的《自序》中说："民国十四年（1925）夏，国民大学成立，延予讲'中国报学史'。予维报学（Journalism）一名词，在欧美亦甚新颖，其在我国，则更无成书可考。无已，姑取关于报纸之掌故与事实，附以己见，编次成书，时未越岁，已哀然成帙矣。"这本书于民国十六年（1927）十一月由上海商务印书馆出版，翌年十月再版，民国二十年（1931）五月三版，民国二十四年（1935）一月曾再版过一次。中华人民共和国后，在1955年又曾由生活·读书·新知三联书店再印过。

为了编写这本专著，我的叔父花费了不少时间与精力。据他告诉我，他常向私人的藏书和公家的图书馆借用书籍，向有关的人请教，并且曾在上海徐家汇天主教堂的藏书楼（即现在上海图书馆徐家汇的藏书楼）消磨了很多时光。那时这所属于耶稣会修道院的藏书楼，由徐宗泽修士主持，因此他们两人结下了友谊。这所藏书楼拥有着丰富的中外文藏书，而徐宗泽本人对藏书也很有研究，他曾著有《中国天主教传教史概论》《明清间耶稣会士译著提要》等书，即可以想见。

我的叔父的藏书，主要是关于新闻学和报业的。记得1929年春天，他在上海旧法租界的辣斐德路（现复兴中路）和亚尔培路（现陕西南路）转角的淞云别墅（现1196弄），租了一所三层的楼房，门牌是四号。他自己住在三层楼上，靠左的墙壁，放着四五个五层的书架，上面摆满了书籍和报刊，有中文的，也有英文和日文的。当时他特意收集各种新出版的报纸和杂志的创刊号和特刊，凡是有关新闻事业的消息和文章他都剪贴抄录，此外新出版的中外文的新闻学的著作也都购买。在这方面，我也帮助他做过不少工作。1931年"九一八"事变爆发后，他为了节约家用开支，曾搬到环龙路（现南昌路）的一家名叫德发饭店的俄国大菜馆的三楼一个人独住，藏书也就搬到当地。1932年他又搬到西爱咸斯路（现永嘉路）新盖的中华学艺社宿舍的四楼居住，这些书又搬过一次家。及至他在当年9月出国后，这些书就存放在中华学艺社大礼堂二楼的一个小房间里，后来又寄存到亲戚家。抗战开始后，特别是日本军队进入租界时，我的姑母戈绍怡（我叔父的胞妹）和我的堂弟戈宝树（我叔父的儿子），考虑到这些书存放在家里不安全，就把它们装成好几个藤箱和麻袋，由堂弟用车子送到徐家汇的徐汇公学（现徐汇中学）去，因为他曾在这所学校读过书，同学校里的人相熟，把书存放在天主教堂里总要安全得多，因此这些书就一直在徐汇公学的仓库里存放到中华人民共和国成立初。

1955年年初，生活·读书·新知三联书店重新出版我的叔父著的《中国报学史》，我在《前言》里谈到他和上海徐家汇天主教藏书楼的关系以及有关他的藏书情况，当时曾引起人们的注意。到了1956年7月19日，中国科学院哲学社会科学部办公室写了一封信给我，其中说：

近接上海哲学社会科学学术委员会来函称：上海市徐汇中学存有戈公振先生保存的一些资料，现处于无人管理状态，甚为可惜。可否将这些资料交上海哲学社会科学学术委员会来保管，以便发挥其积极作用。

这样是否可以，望告知哲学社会科学部。1956 年 12 月 5 日，上海市徐汇中学也曾写信给我，其中说：

> 令叔父戈公振先生有四个藤箱，一个麻袋寄存我校（此项存物在我校文件上并无记载，是学校新生后整理仓库时发现的），其中主要的是书籍，经检查后认为多半属于资料，有整理的价值。兹将检查结果告诉你，请考虑如何处理：
>
> （1）1930 年前后国内国外报纸杂志的创刊号；
>
> （2）戈公振先生 1933 年左右在苏联收集关于苏联的英文书籍；
>
> （3）《中国报学史》原稿（不全）——不像你在《中国报学史》序言中所提到的那一本蓝色面子的本子；
>
> （4）1933 年五一劳动节红场阅兵式等的证件；
>
> （5）其他书籍。
>
> 上海市文化局曾派人来看过，没有做出处理决定。我校特驰函征求。
>
> 你的意见如何处理。我们希望你来上海时能来我校看一下，或者书面将你的意见告诉我们。

经当时我和我的姑母戈绍怡研究过，一来考虑到这些书籍和报刊资料，对研究新闻学和中国报学史很有参考价值，不宜由我们家收藏；二来考虑到我的叔父在上海新闻界工作多年，他写作《中国报学史》一书时同上海徐家汇藏书楼有密切的关系，我们就决定把这批图书报刊捐赠给上海图书馆珍藏和保存。这样到了 1958 年 4 月 3 日，上海《文汇报》上发表了有关《戈公振藏书整理就绪》的消息：

戈公振先生于 1911 年开始从事新闻工作，前后 24 年，从未间断。生前所著《中国报学史》一书，对中国报刊史和新闻学的研究，具有很大贡献，他的藏书非常丰富，原来都存放在徐汇中学内。1956 年冬，在上海市教育局和徐汇中学的协助下，由文化局图书资料调查工作组负责进行清理。目前，文化局将这批藏书交由历史文献图书馆保管，供有关方面参考。藏书中有新闻学、新闻事业书刊，中外文期刊、剪报及国际报业会议资料等。

上海的《新民晚报》在 1963 年 7 月 3 日还曾发表了余宣写的《戈公振的藏书》一文，谈到这批图书的整理经过和重要内容：

重版《中国报学史》出版不久，本市徐汇中学清理仓库，发现戈公振寄存的书报十余箱。开视之下，有书籍，有报纸，有期刊，有手稿，还有其他纪念物品。当时学校写信给戈宝权同志，征求他对这批存书的处理意见。事隔不久，上海报刊图书馆接受委托整理戈公振存书，于是有工作组到校编制目录，后来就移归报刊图书馆收藏（现上海报刊图书馆已合并于上海图书馆）。

戈公振所收藏的书报中，最多的是关于我国新闻事业发展的资料。辛亥以后全国各地远到边疆各省县的大小报纸和期刊，他收藏得很是不少。最珍贵的是在中国共产党成立后公开或半公开发行的报刊，他能收集到的也都有收藏，而且还不只限于上海一地的。

1927—1929年他自费出国，旅行考察新闻事业。旅途所经各国的报纸杂志，他也收集了好多。1932—1935年他在苏联居留，又收集得不少。

到了1964年1月，我接到上海图书馆办公室在11日的来信，其中说：

徐汇中学寄存令叔戈公振先生藏书的另一部分，已由我馆接收，并已同令叔以前藏书合并一起。兹附上清册一份，请收，查1963年10月上海图书馆编成的《戈公振先生藏书目录》，计：

中文期刊、报纸　627册　1652张

中文图书　876册

日文图书　266册

外文图书　149册

外文期刊　83册

外文报纸　156册

其他各种资料　32册　1盒16包7扎96张22袋

共　计　1533册156份1748张1盒16包7扎22袋

记得 1961 年 12 月，我同我的姑母戈绍恰及堂叔戈湘岚访问上海图书馆时，我们送去一批新发现的书，并参观了专门的藏书室，当时我的叔父的藏书和舒新城先生的藏书同放在一室里。前几年，我又将我的叔父收藏的五六十本苏联在三十年代出版的《苏联在建设中》的大型画报送给上海图书馆。经我近年来到上海图书馆除家汇藏书楼查阅了这批藏书，发现其中有些书非我的叔父的藏书（其中也有我买的书）；还有一小盒英文书信是别人的，被混在他的藏书中。因此上面统计的数字还有些出入，但大体上是正确的。

在我的叔父收藏的报刊中，种类繁多。他收藏了各种报刊的创刊号，特刊和专号、各种学报、校刊、文艺刊物，画报、小报，直到在国外出版的华侨的报纸。在报纸中最早的，就有清同治十一年（1872）3 月 23 日出版的《申报》第一号，在 19 世纪末叶出版的报纸中，就有上海汇报局出版的《汇报》（1874），上海新报馆出版的《新报》（1881），字林洋行出版的《字林报》的中文版《沪报》（1882）等。在教会出版的报刊中，有徐家汇天主堂出版的《益闻录》周刊（1881）和基督教会出版的《万国公报》（1899）。20 世纪初的报刊中，有杭州出版的《杭州白话报》（1903），二三十年代我国各大报出版的各种特刊也很多，即如《时报》出版的《时报新屋落成纪念特刊》（1921），《申报》出版的《全国运动会特刊》（1933）等。30 年代初出版的左翼报刊也不少。我甚至还发现了我们家乡东台县出版的报刊，如《东台县水灾专刊》（1931）和《东台民声》（1933）等，所有这些报刊，对研究我国近代报业发展

的历史都很有参考价值。

当此上海图书馆举行建馆 30 周年纪念时，我想把在上海图书馆我的叔父的藏书的这段历史经过写出来，供大家参考。同时顺祝上海图书馆在收集和整理私人藏书方面，在为社会主义"四化"的建设事业中做出更多的贡献！

（选自《上海图书馆建馆三十周年纪念文集》）

先生的赞扬和鼓励

陈学昭

1923 年，上海《时报》的元旦增刊刊出了一个征文题目：《我所希望的新妇女》，我写了用假名投去，被录取在第二名发表出来。就这样，我认识了当时《时报》主笔戈公振先生。这时我在上海爱国女学念书。是要毕业的那一年。

我这篇应征被录取的文字，戈先生没有吝啬他的赞扬和勉励。这是我偷偷地做的一件独立的小事情，不是受兄长所命令的。受到一个陌生人的赞扬，很是吃惊，也有些高兴，但是不敢相信。我们开始通起信，就那样一来一往地通着信，到次年的秋冬，大约 11 月初，我第一次去看望戈公振先生，他约我去《时报》馆。在楼上靠街的一间办公室里，见到了戈先生。他邀我坐在写字桌旁，他自己毕恭毕敬地坐在写字桌边。看见我，好似有点吃惊，终于，他问我："那篇文章是你写的吗？""是的。"我回答。"你，你，你是个小，小姑娘，噢！你是个小大姑娘。"

他自言自语地做了个回答。我猜不准戈先生的年纪，看上去该有三十多，四十多，或者五十左右？

总之，是我的长者，我感到他很和气，不可怕，又很持重。他穿着一件藏青色团龙花缎子面、驼绒里的长袍，带着扬州口音。他高高的个子，长而略方的面孔，很清秀，戴着一副银丝眼镜，完全是一个英国式的绅士。我摸不准戈先生到底是怎样的人，他到底有些什么思想？但对于这些，我不想去深思，最后就随便下了一个结论：这是一个报纸的主笔先生。

我们继续通信。1926 年春天，我在北平，收到一封信，告诉我他动身到欧洲去，先到法国，希望我早点走成，在巴黎等我见面。

1927 年 6 月 29 日，我到达巴黎，当晚戈先生托人送了一封信给我，说次日上午来看我。次日上午十一时左右，他来了，告诉我他在 7 月 1 日要去英国。他把我介绍给袁昌英女士和陈行叔先生，说生活上的一切小事都可以请教昌英女士；找房子、搬家、找学校这些事情都可以请教陈行叔先生，从英国回来，公振先生在巴黎停留了约三个月，我们经常见面。

他的生活非常有规律，要做的事情都安排得有条有理，机警、敏捷，不拖泥带水，也最遵守时间。最使我吃惊的是常看到他的旅行箱：他的箱子里有次序地放着他的手册、照片，各国的电车票他都保存了起来，有几张车票后面还注了字：某月某日赴某剧院看某戏之类。没有一点不是精确的。那些照片拿给我看过之后，又整齐地理好。

他的法语能应付，能说较流利的英语，然而他对于巴黎的情形，是比一个老巴黎还熟悉。每当他离开法国时，他总要对我介绍咖啡店和饭馆：哪一家咖啡店吃早点最好、最便宜，哪一家饭馆包饭最好、最便宜，而且计算了时间，你跑去只消几分钟等等。胡愈之先生曾对我谈到戈先生，说："他花了最少的钱，走了最多的地方，看了最多的东西！"确实是这样的。

他有极强的记忆力，每次他从别个国家到巴黎见到我时，谈起所通的信或是遗失了的信，他会说出某月某日在荷兰给我的信上说了些什么话，某月某日我给他的信是从德国转去的，他是在丹麦收到等等。

他的性格显得和气，而且有些严肃，有时，他也说笑话，当我们一同从饭馆出来时，他总要帮昌英姐和我拿大衣，笑着说："在这里和国内不同，帮助太太小姐们做事是男先生们的光荣！"他待人诚恳，为人有涵养、虚心，不多讲话，总是听别人说，自己很少讲，也是一个异常厚道的人，我从未听到他说过一句嘲笑或刻薄别人的话，往往提到别人的长处，说，这是值得学习的。当然，他也绝不是不知道是非。

记得有一次（1927 年 9 月间）他和我去领事馆，我们是要到民众剧院那一带去玩，顺路去取一张我要转学校的身份证书，但是一进领事馆，我们被那个姓赵的领事拖住谈天，谈着，谈着，天下起大雨来了。这个领事是个"领事猴"，无论留法学生和华工都讨厌他，他吃掉过华工的款子，身份证书每年涨价，一部分同学曾把他揍过一顿，但还不能教训他，他相信道教、佛教、和我们谈，"三教原来是一教""老子一气化三清"（好像我们没有看过《封神榜》似的）……好几次我焦灼地望望窗外不停的大雨，心里想："怪物！吃面包、牛油的人，说这些话，吃空气去吧！"我很想走了，不耐烦了，早就不听了，但是看看戈先生，他还心平气和

83

地在唔唔地应着，仿佛说，何妨听听看，于是我只好耐下心来，等到雨停，走出领事馆的大门时，我深深地透了一口气，戈先生笑了起来："……这个人，说那些话……"

从昌英姐及旁人的口中，我听到一点关于戈先生的身世，可他自己从没有对我提及过。昌英姐说，戈先生是太完美了，没有什么缺点可以挑剔的，他出身苦，十多岁时在有正书局当学徒，为人勤快，得到店东的赏识，提拔了他一下，他的学问都是从自修里得来，白天工作，夜里补习英文，从《时报》的校对、助编一直到做《时报》的主笔。还在蔡孑民先生刚刚创办起爱国女学时，他把他的夫人送进爱国女学，毕业后，他又帮助她升学，到北大做旁听生。大约半年后，她同他到南方来，向他提出离婚，他没说一句话，同意了，可是隔了些时日，她又回到上海，托人转言，她愿意和他重好，朋友们也劝他，但他坚决表示：这是不必要的，作为朋友，他愿在事业上继续帮助她。她曾留下一个男孩，戈先生交托胞妹照顾着，从此他没有再结婚，过着清教徒式的独身生活，把整个生命都放在事业里。他既不抽烟，也不喝酒，任何嗜好都没有，生活非常朴素。

1929年年初，我又到了巴黎。那几年里，戈先生曾回国一次，"九一八"事变后和李顿调查团到东三省调查"九一八"事变，他在东北，行动是绝对不自由的。后来回到上海，又去欧洲，在苏联留得最久，他走遍了苏联各地。

他的思想自从到欧洲后，有很大的转变。在法国，他被法兰西精神——自由、平等、博爱、人道主义精神感动。当然，从一个半殖民地半封建的国家走到法国，自然会觉得人家过的生活和自己国度里的生活有怎样的不同！但他的思想和他的脚步一样，没有停留，一直都在前进。

到苏联后，他告诉我，苏联人民的生活是最幸福的，男女是真正平等的。他把苏联译成"庶联"，他说因为这是一个各民族平等、自愿结合的、无阶级的、庶民执政、庶民同享的国度。在他介绍苏联的文章时，他写信说：到我们国家只有一条路：团结抗日，但人民生活这样苦，必须改善人民的生活，给人民以民主自由，发动人民，组织人民，人民是有力量的。当时，留法学生和华工都热烈捐款，寄到国内慰劳马占山将军和十九路军，他的话，正是大家想要说的。

在我回国前，他写信和我谈得最多的是办一个报纸，说邹韬奋先生他们约他办《生活日报》，他希望我和他在一起工作。

1935 年 10 月 15 日，我收到他的信，他正动身，回国来，他说他不想做什么事情，要我替他找个清静的地方，想整理出一些东西来写。当时，对于他回国后的行业，谣言很多，一句话，人家是讨厌他回来的，更讨厌他的是他太赞扬苏联了！

从他的信里，我读到一种需要安静下来从事写作的情绪，要是我有一个幸福快乐的家庭，那么我的也可以是属于他的，他是我的父执，但是我没有。在太湖边上，我替他看了一个地方，天天等待他离开上海的消息。

10 月 23 日上海的报纸登载着戈公振先生逝世的消息，我的眼睛坏了吗？旁边又分明刊有他的照片。

我立刻动身到上海去。他的遗体停放在万国殡仪馆右边的一间屋子里。抱着守在他床前的孩子，我哭了。孩子还天真地说："昭姑母，爸

爸一死，我们就把他搬到这里来的。"在他的年龄，他还不很懂得他所遭受的损失。

戈先生是在 10 月 15 日到上海的，最初几天忙于无谓的应酬，21 日就病倒了，当即到虹桥疗养院，开刀后第二天，他就离开了人世！他需要说的话，一句也来不及说，需要见的人也来不及见！

他的面目还如生前一样，只是头部小了一点，他的脑子遵照遗嘱取出解剖了的。虽然和他分别了七年，可是想起在巴黎的时候，当他不是穿着礼服（有时他要去访一些各国的外交官员，不能不穿礼服）穿便服，不太显得严厉的时候（我和昌英姐都不喜欢和穿了礼服的戈先生散步，但我们没有对他说出），我便不觉得太多拘束，好像他只是一个比我大了几岁的同学，我们在塞纳河边溜达着，常常还有昌英姐在一起，这情景还亲切得似在眼前，可是他不再说话了！

时间对于我从没有过这样的苦痛和残酷，在殡仪馆旁的路上来回地走着，静安寺路上罩起了一层晚雾，正像巴黎的秋天。

他的死在我心里所留下的空隙，再找不到同样高贵而深长的友谊来填补了！

有一个流氓小报的记者对于戈先生的死给了嘲笑，说他死后萧条。是的，这是真实的情形，他没有地皮，也没有私房，这正是他的光荣，因为他没有做过政府的官，也没有刮过老百姓的钱，经营过投机生意。也没有好心人为他感叹，觉得提拔了这么多新闻记者，而感念他的人竟不多。我想公振先生要是地下有知，以他那种宽大的胸怀，也是不会计较也不会难受的，他还是会笑一笑说："……这些……"

我追念他不仅是追念一位高贵的师友，也追念我们这时代的一位进步而杰出的报纸的主笔！我没有忘记他给我极多极大的帮助，在我经济困难，不能继续在巴黎学习时，戈先生知道了，他介绍我为当时的天津《大公报》担任驻欧特派记者。我每星期写一篇各种形势的报道，月给工资120元银圆整。我不常提及这事，为的是怕人议论我要出风头。

先生的崇高的品德，真实、诚恳的著作，对我们都是深刻的教育！我们是学不尽的！

痛心的是他被迫害而去了，可是他永远在人民的心中！

1990 年 1 月 25 日·杭州

纪念戈公振先生的最大的意义

申报新闻函授学校同学会

我们纪念戈先生，最大的意义，是在如何仿效他的自学的精神，如何实行他的刻苦的生活，能一生勤勤恳恳为社会服务的思想！

戈先生从事时报二十余年，独能虚心的研究，实干的毅力，而能重视其职业，与埋头苦学的精神，足为我们的楷模。

戈先生从高小毕业，就开始自学，竟能达到伦敦大学新闻班听讲生，遂成为中国有名的新闻学家。

然而要能无成见，不为习惯所囿，勿以一地一时或一事的情形来肯定或否定一切，以及要有通晓国际形势贯彻各种学识的，才能成为标准的新闻记者。那戈先生的精神和态度以及学识，都是非常坦白的，完全以客观立场的评判一切，绝不有所偏袒，且能胜任一切。正是极好的楷模。

戈先生在民国二十一年赴俄考察，而做欧游之举，至二十四年十月十五日归国，正可以展其所学，为新闻界放一异彩。哪知仅回国七天，就与世长辞了。而我们念国家的少一真才，青年的缺一良师，怎能不悲痛呢？

不过戈先生虽死，而他的精神和他的思想仍然留存着，但他未竟的志愿遂成了我们后死者的责任。所以我们要继续戈先生的精神和态度，从已得的启示来发展中国新闻事业，及抗战中应负的责任，而完成前辈的遗志，才不失我们纪念戈先生的愿望。

（原载于 1935 年 11 月《申报》）

第三辑

著书立说　传播思想

《中国报学史》自序

民国十四年夏，国民大学成立，延予讲《中国报学史》，予维报学（Jotirna Usrn）一名词，在欧美亦甚新颖。其在我国，则无成书可考，无已，姑取关于报纸之掌故与事实，附以己见，编次为书，时未越岁，已衷然成帙矣。

以记者为职业，在我国有时实较他国为难，盖社会上未认识记者之地位为如何尊严，军政界中人为尤甚；而就记者自身言之，亦多不明了其责任之所在，而思有以引起人之尊重者。欲除此弊，非倡报学不可。

报业之进步，虽与教育实业交通诸端有连带之关系，然吾人之从事此业者，决不能谓报学之进步，须坐待报业之进步；更不能谓报业之进步，须坐待社会之进步也。盖二者互为因果，自有赖于吾人之努力，必人人皆有种此善因的决心，然后生生不已，而相互之关系善果乃见。

欧美人有不读书者，无不读报者。盖报纸者，人类思想交通之媒介也，夫社会为有机体之组织，报纸之于社会，犹人类维持生命之血，血行停滞，则立陷于死状；思想不交通，则公共意识无由见，而社会不能存在，有报纸，则各个分子之意见与消息，可以互换而融化，而后能公同动作，如身之使臂，臂之使指然，报纸与人生，其关系之密切如此，故报纸之知识，乃国民所应具。

军事扰攘，岁无宁日，吾人欲挽此危局，非先造成强有力之舆论不可。报纸既为代表民意之机关，应摒除己见，公开讨论，俾导民众之动作，入于同一轨道。须知战事一日不停止，则和平一日不可期，举凡有待解决之政治社会文化外交诸问题，既无由进行。长此停滞，其何以立国于今之世界。念光复之艰难，懔栋析榱崩之惧，操笔前驱，吾报界实责无旁贷。

秉兹四义，予遂不揣谫陋，以此书公之于世，为研究报学者之嚆引。

1926 年 6 月东台

报纸的将来

这篇短文是戈先生生前，来出国之前，在复旦大学新闻学
讲座讲演稿的节录，已经戈先生亲自订正的。

商业化之报纸，只知赚钱不问其他，对于社会文化应尽之义务，观
念至为淡泊。最近上海各大报，便是一例。有许多人说：政党所经营之
报纸的言论与新闻，俱有偏于一方之嫌。而商业化的报纸，其目的专在
营利，在言论与新闻，两方面皆没有尽"报人"应尽之职责，于是就有
专以办报为目的的人，自己发行报纸，然而此议固善，但经济力常不能
充裕，致消息太少，内容因陋就简，且此类办报的人们，意见不一，各
执一是，因此阻碍丛生，此种比较有裨益于报业之举，遂不克实现。

现在的报纸已达到商业化的最高点，与现代资本主义发达到最高点，
恰成为一平行线。商业化的报纸，第一要广告多，第二要费用少。其中
的第一项，只要办事人员干练，是不成问题的，第二项则因须购置巨大
的机器，以省人工的经费，非有多量资本不能办，因此，就有人组织托

拉斯，以资本主义的手段来垄断作为社会文化的新闻事业了。

报纸已步入资本主义化的时期中，欲其代表民众说话，谈何容易，商业化的报纸，脱离了政党的支配，尚能够发表一点比较公正的评论。但资本主义化的报纸，为大资本家所操纵，完全成为资产阶级的代言人。

目前的资本主义，行将沦于崩溃之域，代替而兴起者为集团化，报纸亦不能例外。苏俄系打倒资本主义的国家，所以不准私人办报，准集团办报。举凡市民农人等协会，都可以刊行报纸，这类报纸，虽未能完全代表公共的舆论，但能代表一部分的利益，如农人协会报纸代表农人利益等便是。比较商业化、资本化的报纸，已经好得多了。

究竟报纸到什么时候，才适合我们的需要，和真正代表舆论呢？这个问题，确实很难圆满答复。现在的报纸的言论与新闻，完全依于它所代表的势力而异，欲求完全适合我们的报纸，的确是不容易的。

我们现在生存于社会上，日常不可须臾或离的要件，除水、火、食料、空气外，就当推报纸了。我们都是组成社会的细胞，对于报纸之重要，千万不能忽视。自来水、电灯等日常必需品，现已逐渐收归公有，报纸虑登载之利害轻重，可以转移民众的观听，一如自来水内含不适宜于饮料的成分，则全体人民，个个都有中毒的危险，报纸亦然。故报纸收归公有，确为刻不容缓的事。但这收归公有，是指公共所有而言，并不是强权横暴的统制。

报纸的最高权威者，是主笔（亦称总编辑），大凡一个主笔的权力，比一个采访员的权力大得多，故主笔等报馆主要人物，须由公共推选顶优秀的人才出来主持。不过还有人说：在大众力量未有雄厚以前，报纸

仍恐为他们所操纵与把持，言论与新闻，仍不免有偏袒之弊，这点在过渡期中，是很难免的，不过比较资本主义化下的报纸已公正得多了。

一间报馆所刊行的报纸最要紧的，首推新闻。新闻如用科学方法去整理，成绩定有改观，不过这种事实，到什么时候才能实现呢？还是一个问题。现在报纸最重要的改进，就是将报纸由少数人的霸占，变为公共的经营，实现报纸公有化，我相信不久之将来，公意能够表现，智识能够普及，大众势力能够抬头，则报纸的公有化，终有实现的一天。

总之报纸之进化，与社会演变的程度有密切的关系。"言论自由"一语，人人口头上充分欢迎，然而无论什么人都不容许别人讲他的坏话，如此，亦可以说人人心头上都呈现着不欢迎的，所以社会中各人的虞见很难消灭，"言论自由"的实现，必须在报纸公有化之后。目前虽以文明高度进化为幌子的欧美各国，亦未能完全实现"言论自由"的。

"言论自由"，从严格上说，既未能实现，所以我们在目前办报，第一要件，便不能不照顾潮流，以迎合社会的群众心论，满足社会群众对于报纸的依持与需要。尤不能不彻底明白报纸的本质与进化的情形。

中国的报纸，现在已达到商业化的境域，资本主义化亦日渐形成。但要很快实现集团化、公有化，尚有待我们有志从事于新闻的青年人来努力啊。

（原载于 1935 年 10 月 27 日《扶轮日报》）

中国急需一个代表通信社

——为《大陆报》二十周年纪念而作

（一）

通信社的使命，从广义解释，是观察宇宙间森罗万象，适当地向公众表现起来。换一句话说，就是报告自然的或人为的种种变化是通信社的责任。人类求知的欲望是与生俱来的，对于新的或变化的，更喜欢早些知道，或知道得比较详细些。所以虽在交通不便的古代，往往有奇闻逸事，传播得很远很久。为满足此种欲望，通信社便发产生了。因为电报、电话、无线电报与无线电话的进步，通信社遂成为一种事业了。

通信社的消息不是给少数人看的，所以要有普遍的性质，通信社所处的地位，有广狭，有以乡村为范围的，有以城市为范围的，有以国家为范围的，有以民族为范围的，因为国民的兴趣、地方的利害和

事业上的需要，乃有种种不同的要求。遗信社往往日夜不断地努力，供给此种多方面的消息，而且时时研究社会的欲望是什么，时代的要求是什么。

通信社和报馆的性质有没有分别，这是一个问题。从实际上说，向公众供给消息，在十九世纪的初期和中叶，差不多是同走一条路的。但是近来一因印刷机械的改良，使报纸发达起来，将销数从一万、十万、百万地增加上去，一因电报电话的普及，使通信社发达起来，将新闻网从十里、百里、千里、万里地扩张上去，渐渐地分道扬镳了。简单地来形容，就是报纸拥有大多数读者，而成一个无形的团体。通信社却将此多数的团体用电线联络起来。通信社和报纸事业的发达，是互为因果、互相援助的。没有国际的通信社，报纸取材的范围，不能遍及全世界。所以通信社的特点，重在消息的搜集和传递；报纸的特色，重在编辑和发行，是很容易了解的。

通信社和报纸的分业，照上述而日渐明显。又因为社会事业的发展，使得通信社的自身，也起了分业化。有些专门供给政治消息，有些专门供给商业消息，有些供给文稿，有些供给图画：有些更进一步，不但供给材料，而且连版子都做好，甚至于印好。近几年来，因为飞行事业的发展，引起社会极大的兴趣，所以在天空搜集新闻和照片又成了通信社的一种专业。将来通信社，因科学进步进步，对于人类精神上的联络，有更大的贡献，是毫无可疑的。

（二）

依通信社的组织，大约可分为三类：一是商办的，二是报馆合组的，三是官办的。因为历史的关系，有些成了一国的代表机关，有些且超过一国而具有国际的性质。这些代表的通信社，从 1910 年起，有一个组织名曰 Agencies League，彼此交换消息，每年所费在一万二千万以上，属于这个组织的通信社大约如下：

国　名	社　名	总社所在地
奥地利	Amthliche Nachrichtenstelle	Vienna
比利时	Agence Telegraphique Belge	Brussels
保加利	Agence Telegraphique Bulgare	Sofia
加拿大	Canada Press	Toronto
捷　克	Bureaude Presse Czechoslavakia	Prague
丹　麦	Ritzaus Telegraphic	Copenhagen
爱东尼	Esthonian Telegraphic Agency	Reva！
芬　兰	Tinska Natisbyran	Helsingjors
法　国	Havas	Paris
德　国	Wolff	Petein
英　国	Reuter	London
希　腊	Agenccd' Athenes	Athens

荷　兰	Nederlandsch Telegraaf Agentschap	The Hague
匈牙利	Agence Telegraphique Hongroise	Budopest
意大利	Stefani Rome	
日　本	联合通信社	东　京
南斯拉夫	Avia Agency	Belgrade
拉脱维亚	Latvian Telegraph Agency	Riga
立陶宛	Agence Telegraphique Lithnanienue	Kovno
挪　威	Norsk Telegramburesu	Christiania
波　兰	Agence Telegraphique Polonaires	Warsaw
罗马尼亚	Agence Orient-Radia	Bucharest
苏　俄	Socialist Soylet Republics Tass Agency	Moscow
西班牙	Tobra	Madrid
瑞　典	Tidningarnas Telegrambyra	Stakholm Aktiebolag
瑞　士	Agence Telegraphiquesuisse	Berne
土耳其	Anatolia	Constantinople
美　国	Associated Press	New York

在上述各通信社中，因为种族、文字和环境的关系，其事业常随本国政治、经济的势力而膨胀，无形地把全世界划成几个区域。如英伦三岛、英属殖民地和远东是路透社（Reutev）的势力范围，东欧、北非、南美是哈伐社（Havas）的势力范围，南北美是联合社（Associated Press）的势力范围，北欧及斯堪的纳维亚半岛是华而夫社（Wolff）的势力范围，各负搜集和交换新闻的义务，彼此合作而不相侵犯，固然搜集全世界的新闻，

非一个通信社所能胜任，自不难借分工为口实，但是国际舆论，就操纵在他们手里，常能影响及于一国的政治和国际。

（三）

我国现代报纸的产生，至今不过一百五十年。通信社的设置，尚不过十五年，程度之幼稚，可想而知，在民国前二年，全国报界俱进会曾有设立通信社的提议，这个议案的大要说：

"报纸纪事，贵乎详确捷。今日吾国访员程度之卑劣，无可为讳。报馆以采访之责付诸数辈，往往一事发生，报馆反为访员所利用，颠倒是非，无所不至。试问各报新闻，能否适合乎详确捷三字？吾恐同业诸君，亦不以为满意，而虚耗访薪，犹其余事。同人以为俱进会者，全国公共团体，急宜乘此时机，互相通信，先试行于南北繁盛都会及商埠，俟办有成效，逐渐推行，俾各报馆得以少数之代价，得至确之新闻，资补助而促进步。"

但是这个提议虽然通过，却没有实行。等到民国五年邵飘萍在北京创立一个新闻编辑社，虽然组织简陋，但是私人设立通信社的矫矢。以后风气渐开，通都大邑，次第都有了通信社，最多的时候有一百五十五家。不过这些通信社随政治潮流变化的很多，其能支持到现在的只有胡霖氏创办的国闻通信社而已。

民国九年，全国报界联合会，曾有进一步的决议，要组织一个国际通信社，大旨谓：

　　国际情势，瞬息万变，外交枢机，尤贵神速。苟应付之术少疏，斯祸患之来无已。千钧一发，稍纵即逝。报纸为舆论代表，对于政府各种政策，皆有监督批评指导之责。言论必本诸记载，判断必根于事实。真伪既殊，是非自别。是以采访不厌其周详，调查务求其真确。良以立言之当否，影响于国家前途之安危者，至重且大也。吾国报纸，欧美情势及外交消息，类皆取材外电，彼多为己国家之利益计，含有宣传煽惑之作用，故常有颠倒是非变乱真伪之举。抄载稍一不慎，鲜不堕其术中。而各国通信社在吾国中在者，其数又多，各本其主旨，任意散布，指鹿为马，入主出奴，混淆庞杂，取信无从。报纸之舆论，既难期中鹄，阅者之从违，自彷徨莫定。将欲矫除此弊，使对外之言论趋于一致，非自行创立一种通信社，采报各国情势不可。惟兹事体大非因循敷衍所能奏效，亦非一手一足所能为力。必合群策众思，共同筹谋，始克有成。最近虽留法学生有巴黎通信社之设，然资力微弱，难称完美。鄙拟由全国报界联合会筹集资金，组织一国际通信社，选派富有学识经验之员，分赴欧美重要都会，协同该处留学生，将国际情形采访调查，缓用邮告，急用电答，俾对外言论，有所遵循，不至为外电所左右。

　　不过这个议决案到后来也成为具文，但是那时人的眼光已经能注意到国外了。

自国民党北伐成功以后，中央既然设了宣传部，除了创设许多报纸以外，又设了一个中央通信社。一方面又和财政、外交两部资助李才氏所主持的国民通信社，使与美国的合众通信社（Uaited Press）和德国的超洋通信社（Trans-Qcea）交换消息。同时旅欧国民党在柏林又组织一个中欧通信社，这时不但注意对内宣传，而且注意到对外宣传了。

一方面报馆又有以合作方式而组织的，就是张竹平氏所发起的申时电信社，这个电信社，外界很少注意。其实由它每日以电报供给消息，除了国内各大商埠报纸外，远在华侨所在地的南洋和美洲。

不过这些通信社只能说是较前有进步，而毕竟规模太小，经济、人才两缺，皆不能达到他们所预想的目的。

（四）

近几年来中国报纸很进步，添设采访部，国内消息已经可以自给。不过国外消息的大部分，仍旧是由外人供给，如英人的路透社、日人的联合通信社等。而又以路透社设备最为完备，势力最为伟大，同时因为我国尚没有一个通信社可以与彼等相提并论，所以欧美各国的报纸要得中国消息，没有别的方法，只有和路透社接洽购买。所以不客气地说，从中国对外言论方面观，路透社实际上是做了中国的代表。

中国外交失败的原因，缺乏宣传也是其中之一。远如巴黎和华盛顿会议，近如济案和中东路案，令人痛心的事数不胜数。原因为自己的意

见，要在人家口内说出来，就是这个通信社很公道，也有许多不便，何况他们国家观念很深，能置自己的利害于不顾吗？所以我们不怪外人的通信社，不能代中国宣传，有时还要反宣传，因为它有它的政策和利益，对于中国，毫不负何种义务和责任。我们只怪我们不觉悟，没有远见，依赖成性的，不自己组织一个代表全国的通信社，连印度、澳洲、加拿大、纽西伦这些殖民地的地位，都比不上。因为他们都有自己的通信社，在其境内占有绝对的势力。

有些外国通信社，间或也发出有利于中国的消息，可是不要误会他们是爱中国，不过因为偶然发点慈悲心，可怜中国人，否则就是对中国政治上或在经济上的一种策略。不过有些报纸，因为本国与中国无利害关系，并不存心一定要说中国的坏话，他们既在中国没有特别权利，就没有派通信员的必要。但是中国发生大事，又不能付之阙如，所以常常故意地把不真确的消息，和很陈旧的照片登出来，这也是一个不可不注意的事实。

组织大通信社，不难对外，而难对内。因为外人通信社鉴于中国民气发扬，都曾表示过只要中国有一个代表全国的通信社，他们都愿意提携停止发稿。不过在我们国内，通信网未组织完备以前，说不到和人家交换消息，因为深入内地做官的、经商的，和传教的外国人，人都和各国报纸通信，如关于西藏、蒙古、满洲的消息，中国报纸上记载得很简略，而英俄日本报纸上，反讨论得很厉害。所以我们不能只靠着一部分中央政治新闻，就诩为消息灵通，说能代表全国。通信网的组织，据我个人的理想，为事实上便利，可分四步进行：

第一步 设总社于上海，因为上海是交通中心，而且报业最发达，去南京不远，此与纽约和华盛顿的地位相似，故不一定以首都为通信网的中心。

第二步 设分社于中国中部的汉口、南部的广州、北部的天津、西部的成都、东北的沈阳，各在附近区域内搜集新闻，不使遗漏。

第三步 派通信员驻在每个省会商埠和大的县城，这些通信员对最近的分社负责。

第四步 设分社于蒙古的库伦、西藏的拉萨、南洋的新加坡、英国的伦敦、日本的东京、美洲的纽约、欧洲大陆的日内瓦，俄国的莫斯科。蒙古和西藏，是中国的领土，我们至少要和行省一样重视。英日和我国关系复杂，俄国系紧邻，美国是现代骄子，日内瓦是国际联盟的所在地，现在成了欧洲政治的中心，至少要有访员驻扎或设立分社。我们要知道虽然可以和各国通信社订约，或是加入了那个大团体，不过他们的消息，是否对于我们有兴趣，合乎我们的要求，还是一个问题。我恐怕于我们有利害关系的消息，还得要我们自己去搜集才能得到真相呵。

这种通信社，最好由报馆自己组织而得到政府相当的帮助。因为报馆的进行，不是随政局变迁的，而且可免"御用"的嫌疑。不过应要求政府给以种种便利，赋予代表中国的资格，譬如命令、宣言、条约等重要文件，一定要由这个通信社发表，对于电报、电话、无线电的使用，要享有优先权。

（五）

通信社的势力，每隐蔽于报馆的后面，不为一般人所认识。其实报纸的势力，往往为文字和地域所限，如一个在伦敦的人，即不能同时兼读当日在纽约出版的报纸，又如读中文报纸的人，未必人人兼通法俄德西诸国文字，读法俄德西诸国文字报纸的人，又未必兼通中国文或日本文。唯有通信社，仿佛一个舌人，能传译于各民族间，不受时间和空间的限制。

国际和平根据国际了解，中国今日既不能闭关自守，早经门户洞开，自欧洲大战以后，且进而参与世界一切事务。一方须尽量研究外国情形，一方更须将中国情形尽量宣示。盖今日外人不了解中国情形，犹之吾人之不了解外国情形，所谓东方之谜者，应竭力设法破除。将中国政治上、经济上、社会上种种改新之现象，时时介绍于外人之前，如此则不致因成见而生误会，因误会而生猜忌，因猜忌而生一切不幸的事。

中国现在虽有很多通信社，不过规模太小，能力薄弱，只能作一部分宣传，说不上整个国家的宣传。又现在知道宣传的力量的人也不少，不过有些人只知道为个人宣传，为一个机关宣传，未曾注意为国家宣传。还有些人知道国际宣传的重要，但只为一时之计，而不愿为永久之计。他们最容易借口的是经济问题，其实今日从报界方面看关于公开消息的搜集，很有合作及节费的可能，在政界方面则骈枝之宣传机关太多，有合并及求效果的必要，把这些浪费聚积起来，一定是个很大的数目，在经济方面不成问题。

尤有进者，以外人而搜集中国消息，姑不论言语捍格、风俗、政教、文化殊异，固属难得真相，即使其熟悉中土情形，毫无偏私，而以中国疆域如此之大，在经济上及人才上，亦不能派驻多数访员，否则必顾此而失彼，或知其然而不知其所以然，故吾人为世界报业整个发展计，吾人应不使此广大区域之新闻来源，使其蕴藏而不开发，一方面鉴于国民生活关系之密切，如最近金价及于商工业之影响，即是一个铁例。更须为世界和平计，使国际间互相了解，障翳全消，愿我国报界之有识者及社会上之先觉急起图之。

报纸之定义

报纸果为何物？诸家之说纷纭，大概可分为三类：

（一）以报纸作用为基础而下定义者；

（二）从法律上所规定报纸之性质而下定义者；

（三）从报纸之形式上与作用上之观察而下定义者。

就第一方法而论，如吉文（Given）之见解，谓"报纸为舆论之制造者与新闻之记录者"。但将此一语细加玩味，即觉微有偏颇。大凡一事物之作用，极易变化，若仅从作用上而即定一事物之意义，无乃太浅。且从报纸之发达上观之，已有许多变化之迹可寻，故此定义不能谓为确当。不过此定义系明举易见之作用，而暗示其原质之特色，亦大可留意也。又如毕修（Bücher）以经济家之见解，谓"报纸为新闻公布之方法"，于作用上之意义，可谓揭发无遗。但吾人所欲知者，乃报纸全部之定义，此不能不与他种见解相比较也。

就第二方法而论，如民国三年公布之《报纸条例》规定："用机械或印版及其他化学材料印刷之文字图画，以一定名称继续发行者，均为报纸。"日本明治四十二年公布之《新闻纸法》规定："本法所称之新闻纸，系指用一定之名称，定期发行，或在六个月之期间内不定时期而发行之著作物，及同一名称之临时发行著作物而言。"英国一八八一年公布之《报纸法》规定："报纸系指揭载公报新闻事件注释及观察之纸片。因贩卖而印刷，在英格兰或爱尔兰发行，或系专门或大部分登载广告，在二十六日以内每周一次或一周以上，印刷贩卖及为公众刊行之纸片。"凡此，虽均可借以窥知报纸定期性与继续发行性之特色，但事实上却包含报纸与杂志之一义。盖法律为取缔上之便宜，认报纸为一种定期为公众之刊行物而不与其他同类物相区别。倘欲以此为定义，则尚须加以修正也。

就第三方法而言，此种定义均在吾人目前，但因研究之初步不同，故定义亦异。如班禄客（Belloc）之见解，谓"报纸为不定期或定期（普通每日）而印刷发行之纸片，报告新闻，暗示观念"。又如建部之见解，谓"报纸以每日一次以上刊行为原则，以报告政治、经济、教育等一切社会生活上之事态为主，且常有若干评论"。此两种定义中，建部之见解，对于现代报纸之意义，颇能挈其纲要，且将报纸与同一定期刊行物之杂志有加以区别之意。不过此定义侧重报纸外观之特色，乃一种常识上之见解耳。其以科学的眼光，从报纸内部之特色而下定义者，如萨罗门（Salomon）之见解，谓"报纸为定期刊行物，以机械复制，将一般有兴味之现在事件状态之混合的复杂的内容，化为通俗揭载物"。此定义注意在一般兴味，现代之事件状态及内容之诸点，极有见地。但机械复制，乃外观之特色，可不必羼入。较此而更精密者，如布润和波（Brunhuber）

之见解，谓"报纸为不定时期而发行，不限于某人而为公众刊行之出版物，内容乃复杂，时宜（或是实在）而有一般的兴味"。此定义之可注意者，为承认报纸发行为不定期，即承认继续发行性而不承认定期性，及表明报纸为公众而刊行。报纸为继续发行而不定期之一点，虽有讨论之余地，但复杂的、时宜的（或实在的）、一般兴味的内容公布之一点，不能不加以承认。故布润和波之定义，从全体而言，曾经过科学之整理，在研究上极有助于吾人也。观于以上各种见解，可略知报纸之意义。惟有一端不可不注意者，即报纸与杂志之区别如何是。从普通情形而言，杂志之形式内容，及其对于社会之作用，与报纸相似，可以包括于定期刊行物中。但从实际上言，二者之间，对于社会作用之范围及程度，则大不相同；且其形式内容，显有不能混为一谈者在。

报纸与杂志，普通包括于定期刊行物名义之下，正以其形式内容及对于社会之作用，有许多相似之点也。且特殊之报纸，如政治学术团体之机关报等，以及普通日刊报纸之副版，往往含有杂志的浓厚色彩，可见二者渐相接近。在社会未进化时代，对于社会之作用上，殆有同一效果。但时至今日，报纸为寻求社会的心理之基础，始有独立色彩；故二者对于社会之作用上，其区别乃渐显明矣。今研究报纸与杂志区别之前，为便于探求二者间关系起见，先探求印刷（press）一字之变迁。Press 一字，由印刷机械之名称而来。最初之书籍、杂志、报纸等，几纯作为机械所制之印刷物；次则以为定期发行之报纸与杂志之名称；今则仅日刊报纸可用之。普通区别报纸与杂志之方法，多从外观着手，如报纸为折叠的，杂志为装订的。此为一种皮相的见解，夫人而知之，于寻求报纸内容之特色上，无丝毫之裨益也。又有从外观之特色上而侧重数量之多寡者，如建部谓以杂志与报纸相比，其刊行数量即一定时间内编辑发行之总次数常觉较少。由此数量之一点，以求报纸与杂志之区别，较纯从外观之特色而着手者，其见解固已稍有进步，但欲认此点为根本，以为其他性质，均由此附带而生，则又未必。故欲求二者区别最适当之点，则不能不从内容方面乃至原质方面着手，即报纸以报告新闻为主，而杂志以揭载评论为主，且材料之选择，报纸是比较一般的，而杂志是比较特殊的。此乃建部、布润和波与笪艾（Diez）所一致承认者也。笪艾并谓报纸之论说（article），对于时事表示临时的反映；杂志之论文（essay）则以研究对于时事之科学的解决，且杂志之能力，乃在问题自身之解决，是尤有卓识也。报纸与杂志之区别，如上所言，自以从内容乃至原质之特色而决定为最适当。但一方面有偏重某点之机关报，一方面则报纸之杂志的色彩又渐浓厚，此种现象，殊使吾人对于二者之区别，从客观上引起怀疑。不过杂志终属报纸之一部分，则可直率地加以判断者也。

一般对于报纸之定义及报纸与杂志之区别，既如上述。兹更进一步而为有系统的综合的研究。

以上所述诸家之定义，因各人之见解而不同。但综合言之，并非不相容。兹将前所研究者，试再列举于下：

（一）报纸为公众而刊行；

（二）报纸发行有定期；

（三）报纸为机械的复制（即印刷）；

（四）报纸报告新闻；

（五）报纸揭载评论；

（六）报纸之内容乃一般的；

（七）报纸之内容以时事为限；

（八）报纸之内容乃及于多方面的。

上述各点，或注意外观，或注意内容，而成为一方面之见解，然于报纸之构成要素，均甚重要。兹为便利研究计，试化复杂而为单一，如（一）（二）（四）（五）以报纸为公众而刊行，发行有定期，揭载新闻及评论等四项，此种观察虽有根本与枝叶之殊，然在报纸之认识上，可承认其为明确之事实。如（三）以报纸为机械的复制（印刷），此点太拘泥于外观，乃法律上之见解。观于近今科学之进步，则将来未必如此，故殊无意识。如（六）（七）（八）以报纸之内容为一般的、时事的、多方面的。则又不啻从严密之眼光观察以新闻之性质定其价值。故现将新闻一字作为广义的，不将上三项作为独立的表现，为免见解之分歧而综合下一定义曰：报纸者，报告新闻，揭载评论，定期为公众而刊行者也。

上述定义，非反对其他定义，不过将纷纭不定之见解，加以整理，为便宜计，而作一比较明显之定义耳。从社会学上而研究报纸，其要点在研究其对于某特别时代之特定社会之文化所发生而反应之各种特色，因此各特色之发生与发达之过程，而表明其性质，探讨其本源，以求所谓报纸原质之一物。如此，则方有社会学者所需要之定义。今为求达此目的，故对于报纸之四特点：（一）报纸之所以为公众刊行物之基础，即所谓报纸之公告性；（二）报纸之所以为定期发行物之基础，即所谓报纸之定期性；（三）报纸内容之时宜性；（四）报纸内容之一般性，将顺次而加以研究。此种研究乃用历史的眼光，注意实际需要，非用哲学家之态度以讨论概念之自身也。

公告性报纸之公告性，即消息传达之方法。故报纸之成立，即在公开性质可以证明之时。像毕修所言，报纸与私函及公函无异，由传达消息之需要而生。不过公函系写与多数确定之人，私函专写与一人，但报纸乃写与多数不定之人，此唯一不同之点也。换言之，私函及公函为个人传达消息之方法，报纸乃消息公开之方法也。又如布润和波所言，古代及中世纪坐客远方者，托友人为之通信，其信中常言及时事问题，但此仍为私人通信，不能作为报纸。因此种私函，对于第三者绝对守秘密也。至于公函，从其接受之人数论，似乎有公布之性质，但对受信以外之人，则依然守秘密，即此种私函与公函，其内容万一有公布的价值，亦必经过受信人之口述，而后始能成为街谈巷议之资料。故王公贵人、政治家、议员、大学教授、从事于教会公共事务之人、大商人、重要人物之驻京代表、邮务局长等，有接受与传递私函及公函之最大便利，常将信中完全关于私人之消息略去，而将有公开性质之一部分加以整理，公之于其友人或主顾；此种报告，即所谓 Zeitung 或是 Neue Zeitung。据毕修所言，十六世纪之初叶，此种 Zeitung 方发生，意大利及德意志诸城市头脑较新之商人，对于此新消息传达之方法，方使之独立存在。即向来可以接受之少数特别人间，以私人传达消息之方法，取一定之代价，推广于不定人之间。如此而中世纪之手写报纸（Geschriebene Zeitung）遂独立存在。对于订阅者供给新闻之职业，亦由此发生。时至今日，报纸更成为资本家营利事业之上品，超过中世纪经济组织的所谓主顾的订阅者，于是报纸之公

告性，乃扩大至于无限。

由斯言之，报纸之公开性质，即报纸有公告性之一语，其义甚明。但由此进而论报纸之社会作用，尚觉不足。盖报纸不过为适合于公告性之一种媒介物，所以承认此特色者，为其介绍包含有公告性之新闻耳。

定期性报纸之定期性，能作为其特色之一否，此诚一问题也。布润和波将报纸之定期性（Periodicity）仅作为广义的续刊性（Faitgesetzte Erscheinung），为报纸之构成要素。萨罗门谓十六世纪定期发行之手写报纸，为报纸正式成立之起源。至于每遇大事发生之时，不定期而报告而贩卖之Neue Zeitung或Realationen，乃报纸之类似物。又据李氏（Lee）言，一六〇九年前后发行之一面印刷品（broadside），因其非定期，故不承认为正式报纸。又据朝仓言，日本之读卖瓦版亦因为非定期，不与报纸同论。然则从何时期始有正式报纸，此非俟诸家意见统一不可。今为便利研究计，姑以定期性之有无，为报纸正式构成之特色。毕修谓报纸之定期发行，不过为求适合于交通之状况。如报纸发达史上所公认最初定期印刷之半年报Relationes Semestrales在一五八〇年发行。至一六〇九年前后，即有周报Strassburger Blatt发生。在半年报与周报之间，应有月报之一阶级。但不经此阶级，突然发生定期性之变化，即因每半年所开之年市，将商业及交通之中心之印刷通信，向一切方面分布。但邮政在重要之路线上，系每星期往返一次。故英国最初之周报，在一六二二年发生；荷兰在一六二六年发生；法国在一六三一年发生。且所谓手写报纸，实起源于书信，即多数驻于都会之通信人所传递，其与邮政制度相关，尤为明显。但由报纸自身之性质而言，从社会学上观察之，人人立于国家政治之下，养成共同之利害关系。而此种社会生活，又因共同动作而渐趋复杂，故对于社会现象乃有统一之要求。是则报纸之定期刊行，即所谓新闻之公布，自为可能之事。此见解如非谬误，则报纸之刊行，不期而与交通之情形相一致，而定期性遂发生。舍此理由外，使定期性成为报纸之重大要素也，即社会之阅读书报习惯（reading habit）实由定期性存在之故也。

　　时宜性报纸之时宜性为报纸构成之特色，此为人所尽知。如新闻之"新"，由时间之距离而起。zeitung 一字，由 zeit 一字变化而来，原有当时所发现之事（Was in der Zeit geschieht）之意也。由是言之，报纸以现在发生事件为内容，则时宜性之特色，固甚显明也。布润和波于其书内，在用时宜性（Zeitgemassigkeit）之处，均用现实性（Aktualitat）。但新闻之价值，不止一时间条件可以决定，且须满足读者之感觉，而引起其兴味。故现在发生之事件，在新闻价值上言，当然首屈一指。但从读者兴味上言，材料不必限于现在发生之事件。故与其谓为现实性，不如谓为时宜性，则一切广义有新闻价值之材料，均可包含于内也。

　　若将现实性及时宜性除去，则报纸尚有何物存在乎？故现实性之于报纸，犹维持生命之血，舍此更无他物也。今日报纸上之新闻与事件之发生，其中究有若干距离，诚一有兴味之问题，但绝不似中世纪事件与新闻，为交通所限制，完全分而为二。且事件即新闻，新闻即事件，其时期当已不远。盖因无线电与无线电话之进步无已，将使报纸之现实性，有极可惊异之发展。英国报纸协会会长唐乃尔（Robert Donald）尝在年会席上演说报纸之将来，谓"吾人现时家中已有电灯、自来水等种种供给，

不久将装置新发明类似留音机器之物，可以随时听新闻"。

故现实性与时宜性之发展，当然与各时代之交通机关并行。如驿传、轮船、铁路、电报、电话、无线电话、无线电报、飞行机等之种种进步，均极影响于报纸之新闻，此固尽人而知之矣。不过报纸之新闻，所以有现在程度之现实性，不仅赖交通机关之能力，报纸自身之努力亦未可轻视，如报馆自设电报房以求新闻之迅速是也。当一九〇三年英国修改关税会议于伯明罕（Birmingham）举行时，其地距伦敦百七十基罗米达，而殖民大臣张伯伦（G.Chamberlain）演说后，相隔只十五分钟，其词已传布于伦敦全市；此为极有名之一事。各报馆之通信网，其范围日以扩大，昔只临时装置，今且每日为新闻之搜集矣。不特此也，印刷等方面技艺上之改良，亦于现实性之发展大有贡献。此非本处所注意之事，姑存而弗论。总之，现在报纸之最大特色为现实性，则固可承认而无疑也。现实性既为报纸之最大特色，则报纸之搜集材料，对于一分秒之迅速，努力竞争，亦系自然之趋势。因此而报纸之现实性对于社会上，其结果不能有功而无过。何以言之？

所应承认为功者，为世界之缩小，将人类之种种意识及活动，在同一时间内，可以互相交换而响应。如劳韦尔（Lowell）所言，人类生活之过程，在极小极速之进化内发展，至不许有时间之停留，此均报纸之功。吾人不必乞怜于"时间之门"，可于报纸上得新观念之供给。至所应承认为过者，当分自然的与人为的二种。自然之过，为新闻之机械化。据班禄客所言，报告一事件时，吾人若直接从某人访得，必须将对方人格及自己对于该事件之见解有充分之预备，但此颇费时间与金钱，故只有将新闻照所得者报告，并不加以思索。倘吾人能取多数人之材料，加以长时间之研究，所得印象，方为有机的，若今日报纸之印象，则为无机的。人为之过，则捏造事实，今日非常流行。此为报学家所谙知。尤以美国黄色报纸为甚，几视为当然之事。报馆中常备名人之小影与署名，随时可以取用。如关于冯国璋与冯玉祥之事迹，美报常误为一人而登载之。奚罗弗（Sherover）为攻击美国资本家之报纸，计搜集之捏造新闻，竟成一厚册。故两者之过，有积极与消极之殊。积极之过，当然读者不能不负一部分之责任，此乃所谓社会问题。因人类之复杂心理，而引起报纸感觉主义之发展，由现实性而趋向时宜性，即现在人类对于"最新之事""未闻之事"有异常之要求，故仅以机械方法依样供给，断不能使现在人类满足。于以知此种满足，非仅现在发生之事件所可博得，而在寻求读者之感觉，及一般心理所构成现实之状态。但现实性终为报纸之要素，不能加以轻视。且在此观念之适用范围内比较广义之时宜性，可作为吾人所要求报纸之特色也。

　　一般性报纸之一般性，指普通报纸之内容有一般兴味而言。此与时宜性相似，为报纸与杂志最易区别之一点。但报纸欲有一般兴味，其内容非关系于多方面不可。故萨罗门、劳韦尔与布润和波，均以内容的多方面性（Vielseitigkeit des Inhaltes）作为报纸内容之特色。其实所谓内容的多方面性，即不似杂志有专门性质。内容为一般的，则兴味亦为一般的，此为自然之结果，固不必强为分别也。且报纸之内容，如政治、经济、文艺等一般社会纪事，种类甚多，当然数量一方面须有一般兴味。同时每一纪事，其性质亦须有一般兴味也。关于此点，即如初期报纸，虽编

制与今日稍有参差，而大致不甚相远。故恺撒大帝（Julius Casar）之《每日纪闻》（Daily Acts or Acta Diurna），报告每日发生之事件，包含祭祀、罗马远征军之胜利、冒险、社会或文学等多种。十六世纪后半叶，在德国发行之报纸，不但欧洲及近东方面有定期之通信，且有波斯、中国、日本与美洲之通信。此外文艺批评、新书介绍、剧场记载、商业农业市价等之经济纪事，亦均加网罗。此尤足以承认其性质之有一般兴味之一端。于是一般性与时宜性充塞于报纸之内容；报纸之所以能独立存在，其基础在此，其所以根本巩固之原因亦在此。

报纸之内容，一般性若何重要，至今日而更明显。故政党之报纸，宗教之报纸及特殊之报纸，均不易发展。如一九一一年在芝加哥（Chicago）创刊之 Day Book，完全不载广告，致家庭之主妇，不能于此报觅得日用品之价目，因而遂于一九一六年停刊。又如一九一二年在加利福尼（California）所创刊之 Municipal News，完全送阅不取费，但因缺少电报、社论及关于政治之意见，不久亦即停刊。又如一九〇一年在刚萨司（Kansas）创刊之 Daily Capital，将星期日之宗教演说，每日在报上发表，但不久亦废。现存之宗教报纸，仅有一九〇八年在波士顿（Boston）创刊之 Christian Science Monitor，因此报与普通宗教报纸不同，关于艺术、教育、海外贸易诸方面，均极注意。又如劳动团体之报纸，由今日情形而言，似应有势力，其实不然。英国虽有劳动会员三百万人，而周刊不过四种。且此种报纸，仅准劳动党之 Daily Herald 销数稍多，然亦不能过会员全体十分之一。以上所述，虽原因甚为复杂，而各种特殊报纸，因缺乏一般性，故终于不能存在，似可承认而无疑。班禄客尝排斥资本家经营之报纸，而提倡所谓报纸自由运动，然彼亦将特殊性（particularity）作为自由报纸难以持久之一原因，是以今日之报纸，吾人称为社会自身之缩影或反映者，实已不啻确定其社会作用之基础矣。

以上四者，已将报纸之公告性、定期性、时宜性、一般性构成之要素，加以简单之说明。然大都以诸家学说为根据，而不免综合上之缺点。今再从根本上讨论报纸之原质。

报纸之原质，质言之，即新闻公布之谓也。大凡事物之原质，其特色必具恒存性；尤以事物之发生，经过一切发达之过程，即在任何时代，该事物之形式上有发展之特色，方可谓之原质。否则无称原质之价值也，但一切事物，其最初所定之目的，未必完全不变，有时且发生预期以外之结果；且其作用之特色著明时，往往误认为原质之特色。不过作用之特色，并非永远不变，乃附带而生者。故恒存之特色，不能不加以承认。

报纸之原质如何，向无专门之研究。若将各种主张归纳，则多认为发表意见。此种观念之根据，以报纸为舆论之机关。吾人由报纸发达史及现在情形而言，报纸与舆论之生成有关系，确为当然之事实。不过其间不能不加以分别，即报纸与舆论生成有关系之事实，其程度如何，其意思如何，应加以研究耳。舆论为社会之意识，其成立之过程，为消极意思之潜力欤？抑为积极意思之显力欤？为二者之一欤？抑二义俱兼欤？此种详密研究，惜尚无人为之。夫上述意见之发表，若作为报纸之原质，则有积极意思之诸问题，如政治、经济、社会等一般时事，报纸以社会之眼光，用指导之意思，发表一己之意见，似可如斯解释。试以历史上事实证之，如十七世纪英国之所谓大报，在长期议会时，批评政

治时事，以论说为主要材料。又如现在报馆之内部组织，有所谓以主笔为领袖之论说记者团，在编制上诚为一种事实也。但报纸之内容，由发生及发达上加以考查，则中世纪之手写报纸，仅为事实之报告，或与此相类之新闻，至积极发表意见，可谓绝无。

关于时事之各种通信，由各方面搜集而来，在登载以前，不能无去取。对于一般事实，初未尝不思用客观态度；但至最后，依然入于主观态度。且报纸既已成为商业化，因上述编辑上之便利，记者之主观化，亦系当然之结果。同时报纸不断地处置此种通信，有特别之权能，使报纸对于时事问题，有先觉者或专门家之优越地位。此种现象，使报纸不仅报告事实，对于重要问题，且独立加以评论，且其评论乃以个人之丰富知识为根据，有时可以超越普通仅由事实观察者之意见，甚至超越一报纸之意见因而成为一般公众之意见，是即谓之舆论。此种可能性，适为社会所要求；其最显明可见者，乃十七世纪英国报纸之特色也。

报纸之此种特色，从一般事物之发展过程上观之，久渐成规律。在法国大革命时代，报纸积极活动，方有所谓舆论之建议（initiative）。今日之报纸，一方受资本家之蹂躏，一方因平民教育之普及，此种荣誉，渐次减色而日趋退化。不过从报纸之全体言，此种评论之重要，依然存在，其特色终不变也。

由上所述，从报纸发达史上研究，发表意见，绝非报纸原质之特色，乃附带而生者也。若统观公告性、定期性、时宜性、一般性之特色，即可知前二者为报纸外观方面之特色，后二者为报纸内容方面之特色，即报纸具体成立之特色，及从外观的和内容的两种特色而成。

若外观上或内容上之特色而缺少其一，则报纸之形体不完；形体不完，当然无原质之可言。故吾人不可不脚踏实地，从报纸外观与内容之形体上而求其特色也。

外观的原质？吾人研究报纸外观之特色时，究竟公告性与定期性二者之间，何者为原质，何者为根本？夫所谓定期性，在报纸形体成立上，关系颇重。但定期性之存在，常受交通机关及其他情形之影响，不能作为原质，至于公告性，只需社会存在一日，彼亦存在一日也。

且初期报纸，当造成报纸形体之时，即手写报纸，由私人书信蜕化而来，不过将有公告性之客观内容，搜集而描写之。故由此种事实加以观察，公告性乃报纸不可缺之要素，固甚明显也。且古代报纸之发行，常在公众最易知之地方，与公众最密集之时季，更可证明公告性为报纸之原质。即在今日，报纸之公告性，依然为其重要之特色也。不过报纸外观之原质的公告性，渐由消极的性质而成为积极的性质，在今日社会上，占广告的动力（advertising factor）之重要地位；一方面从单纯性质的公告而带宣传色彩，一方面报纸之内容上加入附属事项，是即所谓广告栏是也。

内容的原质时宜性与一般性，二者孰为重要？若纯从价值上判断，当然别有见解。若以新闻内容为目的而限定其范围，则二者不应分离讨论。如普通私人通信可以缺少时宜性及一般性，若其通信而作为报纸上材料之时，即不能成立。据向来报学家所言，均以时宜性为新闻内容之楔子，即报纸自身之生命。不过此种见解，乃从常识上着想，若用科学眼光研究，吾人与报纸上之新闻接触之时，其知新闻之时宜性必较一般性为早。因时宜性仅由个人之认识而即可知，至一般性之认识，却间接有待于社会。

而社会之意识，常隐匿而不易见也。故从主观之认识作用上，使一般性之承认，比较陷于不利，而从客观上研究，一般性依然为新闻内容不可缺少之要素。即所谓公告性之报纸外观的原质，对于新闻内容，必须加入如何之限制乎？即如何性质之内容方与公告性之外观相配乎？知此，则一般性在内容上之特色，可了然矣。

总之，时宜性与一般性不能分离而存在，且互相维系而成报纸之特殊形体，故不能不以此特殊形体之自身，作为报纸内容之原质。此特殊形体，可名之曰新闻，即新闻为报纸内容之原质。因此为报纸自身问题，虽作新闻的问题观，无不可。

新闻（news）果为何物？此一极有兴味之问题也。美国各大学自设立报学科以来，对于新闻之科学研究，方开其端。其中较得要领者，以布乃雅（Bleyer）、哈润登（Harrington）与弗润开宝（Frankemberg）为最。据布乃雅所介绍者，计有十种之多。各种研究之中，其简而赅者，如（一）新闻者，读者所欲知之事物也；（二）新闻者，使人人引起兴味之发生事件也；稍加详细之解释，如（三）新闻者，对于读者引起兴味与影响之事件发见、意见等正确而得时之报告也；（四）新闻者，有人类之兴味，与人类生活上及幸福上能发生影响之一切事件及观念等相关之原质的事实也。上述四者之中，（一）与（二）说明过于简单，颇难得明确之概念。但于人类所欲知及引起兴味之事物云云，已有一种暗示。至于（三）（四），将上述暗示充分表明，即（三）所谓正确而得时之报告，表明何种事项以何种性质状态使读者引起兴味。（四）说明对于人类生活之影响，以表示其性质，但遗其状态之所谓得时的条件；此虽为其所短，但与（三）

之报告云云相反，主张原质的事实而研究新闻之题目如何，此点极可注意。总之，此四者均暗示新闻应以何种性质而规定。于是可知新闻之性质，不可不令一般人引起兴味，不可不得时，此二条件极为易知。

是即布乃雅所谓新闻者，使多数之人有兴味而得时之一切事物也。使多数之人有兴味云云，是即所谓一般性之意；所谓得时云云，是即所谓时宜性之意。所谓时宜性，即新的、现在的、得时的一切条件，若均能包括，方可谓为完全。但如布乃雅之定义，对于报纸之形体如何，似未注意。由上述四者之见解，或云发生之事件，或云发生之事件及发现、意见等诸事项之报告，或更云此等事件之原质的事实，已有追求明确观念之倾向。关于新闻之形体之见解则有三：（一）主张为发生事件之自身；（二）主张为发生事件之报告；（三）不云发生事件，不云其报告，直接主张为时宜性及一般性之自身。（一）与（二）根本为同一旨趣，但若求适合于报纸内容所限定之标准，则（二）较（一）之见解为适当。但若以（一）与（二）为同一旨趣，根据布乃雅之见解而推阐之，则易陷于谬误，以为发生事件之自身（即固定事物）即为新闻。所以取此见解者，由新闻之具体的事项以求新闻与否之甄别，此于实际上虽若便宜，但于报学之处置上，有散漫而不明显之憾。由科学的眼光以决定新闻之形体者，即为（三）之见解，即哈润登与弗润开宝之性质说（Quality Theory）。由此见解而言，性质与具体的事实乃同一体，其结果可以避免谬误，不致以新闻事实之自身为新闻与否之区别，只需包含上述性质之事实，均可作为新闻，而广告一物为新闻与否之问题，亦即易于解决。盖新闻既作为一般抽象的性质而加以承认，同时又将新闻作为一种具体的特别性质

带有所谓报纸之背景。详言之，即报纸内容之一般发生事件，当然含有时宜性及一般性。此二者非对立而存在，乃以联合而互相维系之状态，作为新闻之要件。新闻既为一种性质，故由感觉力而采取以后，其时乃发生主观的外形。例如有"红"之性质，对于生理构造不同之二人，不能成为同一之"红"的感觉。所以新闻之价值，若求范围广泛，则不能不对多数之人即有主观的多数之人使之发生兴味。

　　大凡一种事物之存在，必有外观与内容二者。若加以分析，则外观常确定，内容时有改变，故观察报纸之原质，其外观之公告性毫不变更，只其内容之新闻有变更。即在公告性形式的限制之下，新闻之变化，使原质亦起变化。由此种变化，在报纸发达之过程中，造成种种形式之变化，即所谓内容的新闻之变化，不外求适合于社会而已。当然，新闻之变化并无原型消灭之意，仅其外貌改变耳。总之，报纸之变态，无非对于各特别事情求其适合，因而造成种种报纸。今日之日刊报纸，殊可称为过去各种报纸形式之结晶。若细加观察，除少数之论说、小说、学术论文、杂记及广告以外，其他各种纪事，绝非纯粹的新闻之原型，毫不加以雕琢，即因新闻对于社会有一种顺应性也。且新闻之变型，为要求适合于公告性的形式，故在一定范围以内，受有限制，而绝非无限制。即因新闻之一般性，乃公告性之里子。若用社会学之眼光，解释公告性之意义，所谓公告性者，即对于多数民众或者至少对于某特别关系范围，用认识行为，借交通之媒介，如言语文字之类，行价值的决定及意志决定之精神公开是也。所谓新闻之一般性，虽受主观的限制，然既为社会之认识行为价值决定及意志决定，承认由特别的多数人而代表，故即得作为一般的而加以公告。

由此观之，公告性之一物，可以解释为由新闻一般性之特色而来。

故报纸之原质，直可谓为新闻。若用科学眼光，欲使报纸之研究，能概括而明确，则上述之分析方法，似较适当。此处所以举出新闻之公告性，而不仅言新闻，其原因在此。毕修谓"报纸乃新闻公布之方法"犹是意也。

以上所述，颇取日人藤原勘治之说，对于报纸原质之研究，用概括的态度，可谓推求尽力。但既以社会学的眼光，注意报纸之社会作用方面，姑且假定如此，不能谓已无讨论之余地也。

杂　志

　　一国学术之盛衰，可于其杂志之多寡而知之。民国以来，出版事业日盛。以时期言，则可分为欧战以前与欧战以后。以性质言，则可分为学术与政论与改革文学思想及批评社会之三大类。欧战以前，民国初造，国人望治，建议纷如，故各杂志之所讨论，皆注意于政治方面，其着眼在治标。欧战以后，国人始渐了然人生之意义，求一根本解决之道，而知命运之不足恃。故讨论此种问题之杂志，风起云涌，其着眼在于将盘根错节之复杂事汇，皆加以彻底之判断，如国家政治、家族制度、婚姻、迷信等思想上之问题，举数千百年来积习而推翻之，诚我国思想界之一大变迁也。世界新潮，澎湃东来，虽有大力，莫之能御。然一方面杂志之大声疾呼，使鼾睡者霍然醒觉，其影响亦非浅鲜，盖可断言。然吾人有不可不注意者，即破坏之能事已尽，而建设之能事未举。且矫枉过正，昔人所悲，今则将成为事实矣。夫我国社会上之根本问题，自不能不力谋最有效最安全之方策。故吾人苟主张婚姻自由，男女平等，财产共有，无政府主义，凡曾经三思者未尝不可提倡，如徒袭他人之文章，不问本国国情之是否适合，则其发生之恶影响，亦殊可惧。虽然，真理以讨论而渐明，今日之议论百出，亦为进步过程之不可免；吾人固不能不大有待于今后杂志之努力也。至已发行之诸杂志，所惜创始易，继续难，此非完全执笔者不努力之咎，实亦社会要求程度太低之故。今择内容较有精彩，销行较广，而较持久者，介绍于后。挂一漏万之讥，知不免焉。

以学术为主体者

《孔教会杂志》，于民国二年二月发刊于北京，由陈焕章编辑。每月一册，志在提倡以孔教为国教。

《科学》，于民国四年正月发刊于上海，为留美学生所组织之科学社之言论机关，以传播世界最新科学知识为旨，每月一册，分通论，物质科学及其应用，自然科学及其应用、历史、传记诸栏，其印法旁行上左，兼用西文句读点句，盖便于插写算学、物理、化学诸方式也。

《观象丛报》，于民国四年七月发刊于北京，为教育部中央观象台之言论机关，由高鲁编辑。每月一册，分论说、乾象、历象诸栏。言天文之唯一出版物也。

《清华学报》，于民国四年十一月发刊于北京，为清华学校师生所合编。每季一册，分著述、记述、译述三大部，有中文本、英文本二种。近自研究院成立，王国维、梁启超等为讲师，中文季刊大见精彩。

《民铎》，于民国五年六月发刊于日本东京，为中华学术研究会之

言论机关，由李石岑编辑。初每季册，后改每二月一册，现改每月册。以促进民智，培养民德，发扬民力为宗旨，立说务求平近而切世用，力去艰涩之弊。

《新教育》，于民国八年二月，发刊于上海，为新教育共进社之言论机关，由蒋梦麟等编辑。其主旨在以教育为方法，养成健全之个人，使国人能思能言能行，能担重大之责任，创造进化的社会。现归中华教育改进社主持。又增刊《新教育评论》，由陶行知等编辑，每周一册。

《学艺》，于民国八年四月发刊于日本东京，为中华学艺社之言论机关。志在介绍科学及艺术，从两方面发阐自然及人生诸问题。初为季刊，后改为月刊。分文科、理科、小说、杂文、通信诸栏。

《史地学报》，于民国十年十一月发刊于上海，为国立东南大学史地学会之言论机关。初每季册，现改每年八册。分通论、专著、研究、世界新闻等栏。

《北京大学月刊》，于民国八年一月发刊于北京，为北大职员学生共同研究学术，发挥思想，发表心得之言论机关。每期由校长及各系主任轮流编辑。每年十册，材料多则出增刊。其印法旁行上左，与《科学杂志》同。

《学林》，于民国十年九月发刊于北京，每月一册。以研究学术，批评世界思潮为宗旨。分哲学文学组、社会经济组、政治法律组，与交通系有关系。

《学衡》，于民国十一年一月发刊于上海，为刘伯明、吴宓等所编辑，每月一册。以昌明国学、融化新知为宗旨。盖提倡文学革命之反响也。

《社会学杂志》，于民国十一年二月发刊于上海，为中国社会学会之言论机关，由余天休编辑。每年六册，用中英文合刊。

《社会科学季刊》，于民国十一年十一月发刊于北京，为北大教授顾孟馀等所编辑，每季一册。泛论政治、经济、法律、教育、伦理、史地，分其他社会科学，从学理上立言。

《国学丛刊》，于民国十二年夏季发刊于上海，为国立东南大学高师国学研究会之言论机关，由顾实编辑。以整理国学，增进文化为宗旨。每季一册。曾特刊《小学》《经学》《史学》《文学》《诸子学》等专号。

《华国》，于民国十二年十月发刊于上海，为章太炎所编辑。以甄明学术，发扬国光为宗旨。每月一册，分通论、学术、文苑、记事诸栏。

《国学季刊》，于民国十二年一月发刊于北京，为北大教授胡适等所编辑，以发表国内及国外学者研究中国学之结果为宗旨。其方法：（一）用历史的眼光，来扩大国学研究的范围；（二）用系统的整理，来分类国学研究的材料；（三）用比较的研究；来帮助国学材料的整理与解释。现因材料甚富，又附出周刊。其博大精深，为国内外学术界所推重。

《工程》，于民国十四年一月创刊于上海，为中国工程学会所编辑，每季出一册，其宗旨为发展工程学识，引起社会对于工程之兴趣。

《自然界》，于民国十五年一月，发刊于上海，为杜亚泉、周建人等所编辑。每年十册，志在提倡中国的科学化，而以考订名词、调查、纳非科学的环境于科学中三者为工具。

以政治为主体者

《独立周报》，于民国元年九月发刊于上海，为章士钊所编辑。分纪事、社论、专论、投函、评论之评论、别报、文艺诸栏。盖章出《民立报》后而别主调和之说者。

《庸言》，于民国元年十二月发刊于天津，由梁任公主撰，系继《国风报》而发行者。意在利用袁世凯。每月二册，分建言、译述、艺林、金载四大部。

《不忍》，于民国二年二月出版于上海，由康南海主撰。志在以孔教为国教。每月一册，分政论、说教、瀛谈、艺林等栏。是年十一月，南海丁母艰，停刊。至民国六年十二月，曾续出，但未几亦废。

《国民》，于民国二年五月发刊于上海，为国民党之言论机关。孙中山黄兴作出世辞。每月一册，分言论、专载、纪事、丛录四类。勉党员"以进步思想，乐观精神，准公理，据政纲，以达巩固中华民国，图谋民生幸福之目的"。

《雅言》，于民国二年十二月发刊于上海，为康窬所编辑。每月二册，分论说、纪事、文艺诸栏。盖康出《甲寅》后而别主赞助袁世凯之论者。

《正谊》，于民国三年一月发刊于上海，为谷钟秀、杨永泰、丁世峄、孙润宇、卢信等所组织。每月一册，分论说、记载、译述、文艺诸栏。为失望于袁世凯而作。

《甲寅》，于民国三年五月发刊于日本东京，为章士钊所编辑。每月一册，分时评、评论、论评、通信、文艺诸栏。以条陈时弊，朴实说理为宗旨。盖反对袁世凯而有学理之出版物也。民国十四年七月，改为周刊，在北京发行。

《大中华》，于民国四年一月发刊于上海，由梁任公主撰，每月一册。以养成国民世界知识，增进国民人格，研究事理真相，以为朝野上下之南针为宗旨。其特色注重社会教育，论述世界大势，战争之因果及吾国将来之地位，与夫国民之天职，为欧战后之重要出版物。

《太平洋》，于民国六年三月发刊于上海，为《甲寅》分出之英法派人所编辑，每月一册。分论说、海外大事、评林、译述、国内大事等栏。考证学理，斟酌国情，以求真是真非；于财政经济各问题，尤多所论列。

《建设》，于民国八年八月发刊于上海，为国民党之言论机关，每月一册。孙中山作发刊词，有云："鼓吹建设之思潮，阐明建设之原理，冀广传吾党建设之主义，成为国民之常识，使人人知建设为今日之需要，知建设为今日易行之事功。由是万众一心，而建设一世界最富强最快乐之国家，为民所有，为民所治，为民所享。"为有显明主张之唯一出版物。

《解放与改造》，于民国八年九月发刊于上海，为北京新学会之言论机关，每月二册。主张解放精神物质两方面一切不自然不合理之状态，同时介绍世界新潮，以为改造地步。分评坛、论说、读书录、世界观、思潮、社会实况、译述诸栏，与研究系有关系。出至二卷，改组为《改造》月刊。

《星期评论》，于民国八年，发刊于上海，为戴季陶所编辑，而沈玄庐、孙棣三助之，志在提倡经济改革。

《法政学报》，于民国十一年一月出版于北京，为法政大学之言论机关，每年十册。分论著、杂感二大部。关于政治、经济、法律、社会、心理、历史、哲学等文字，均兼容并蓄，不以法政为范围。

《努力》，于民国十一年六月，发刊于北京，由胡适编辑，为讨论政治之周刊。民国十二年，因胡病停刊。

《向导》，于民国十一年九月发刊于广州，为陈独秀等所编辑，每周一册。以统一、独立、自由、和平为标语。中国共产党之宣传品也。

《现代评论》，于民国十三年十二月发刊于北京，为周鲠生等所编辑，每周一册。言论趋重实际，不尚空谈；态度趋重研究，不尚攻讦。包含政治、经济、法律、文艺、哲学、教育、科学各种文字。

《语丝》，于民国十四年一月发刊于北京，由周作人等编辑，每周一册。注重于新思想之宣传，其评论政治、社会各方面之事实，隽永有味。

《远东》，于民国十四年十月发刊于北京，为吴统续所编辑，每月二册。以研究远东问题与宣达国际消息为宗旨。用中、英、法三国文字合刊。与交通系有关系。以改革文学思想及批评、社会为主体者。

《新青年》，于民国四年九月发刊于上海，为陈独秀所编辑，每月一册。初提倡文学革命，后则转入共产。勉青年以"发挥人间固有之智能，抉择人间种种之思想，孰为新鲜活泼而适于今世之生存，孰为陈腐朽败而不容留于脑际。利刃断铁，快刀斩麻，决不作迁就依违之想"。

《新潮》，于民国八年一月，发刊于北京，为北大学生傅斯年、罗家伦等所编辑，每月一册，亦提倡文学革命者。

《每周评论》，于民国八年，发刊于北京，为陈独秀、李大钊等所编辑，志在改革社会思想，但不久即为警厅所封禁。

《创造季刊》，于民国十一年六月，发刊于上海，为郭沫若、成仿吾、郁达夫等所编辑，志在提倡国语文学。次年五月，又创周刊但后均停止。

日报之先导

我国人自办之日报，开其先路者，实为《昭文新报》，《循环日报》次之，《汇报》《新报》《广报》又次之。今硕果仅存者，惟《循环日报》耳。

《昭文新报》于同治十二年闰六月，即民国前三十九年创刊于汉口，为艾小梅所发起。最初每日一出，以阅者甚少，乃改为五日一出。但销路仍不佳，未几遂停。

《循环日报》，创刊于同治十三年之春。先是，有王韬（紫诠）者，以上书太平天国忠王李秀成之嫌，清廷欲得而甘心，乃随麦华陀牧师走香港。旋应英华书院之聘，编辑《圣经》，遂家焉。迨欧海理牧师解散英华书院，王氏遂与该院买办黄平甫集股购入，易名中华印务总局，此同治十年事也。后就印务总局改组《循环日报》。"循环"云者，意谓革命虽败，而借是报以传播其种子，可以循环不已也。王氏自主笔政，洪幹甫及其婿钱昕伯辅之。钱氏盖奉《申报》主人美查之命，赴港调查

报务以资仿效者也。初创时，新闻用洋纸印刷，船期尚用土纸（南山贝）。新闻常占篇幅三分之一，区为三栏：首栏选录《京报》，次栏为羊城新闻，又次则为中外新闻栏。然其时交通未便，消息难通，故主笔政者常须述野语稗史以补白。次年，附刊月报，择重要时事汇为一册，每年取费一元。嗣因销数不多，未期年而罢。当时该报有一特色，即冠首必有论说一篇，多出自王氏手笔。取西制之合于我者，讽清廷以改革。《强园文录外编》，即集该报论说精华成之。其学识之渊博、眼光之远大，一时无两。自是而后，上海、新加坡等地报纸渐兴，互相转录，材料遂不虞缺乏。光绪四年，该报因省港消息灵通，特将每日报纸于先一夕派送，是为香港汉文晚报之先声。但往省船只，例于下午四时开行，而报纸印竣须在八时，故寄往广州澳门者，仍须俟诸次日。历四年，因时促事忙，遂取消晚报。光绪三十年，增加篇幅，分为庄谐二部，附以歌谣曲本，字句加圈点，阅者一目了然。光绪三十四年，京沪要事以电报传达，于是港中各报遂以专电互竞优劣。近年该报又迭有改良，无待缕述矣。

《汇报》，于同治十三年五月初三日创刊于上海，为中国第一留学生容闳（纯甫）所发起。集股万两，投资者多粤人，招商局总办唐景星实助成之。然又以文字易于贾祸，乃延英人葛理为总主笔，黄子韩、贾季良等为编辑。新闻中时涉及官事，股东不以为然。至七月二十一日，由葛理出名承顶，易名《汇报》，延管才叔为主笔。以《申报》为外人所开设，遇有当时以为不利于中国之事，即与之笔战。但营业不佳，乃清理账目，加入新股，于光绪元年六月十四日，易名《益报》，延朱莲生为主笔。至是年十一月初七日，朱氏辞职，斯报遂废。此三报以为时势所限，致难销行。然每日报首必载新闻目录，使阅者一目了然，是其特色也。

《新报》，于光绪二年十月初八日创刊于上海。由各省商帮出名，而其款实出自道库。新闻中英文并列；后此《南方报》《太平洋报》实仿之。惟外人未必阅此报，故次年五月即将英文取消，报名亦改横写为直写。至八年五月二十九日，因销路不畅，遂归并于制造局。

《广报》，于光绪十二年五月二十三日创刊于广州，为邝其照（蓉阶）所发起。延吴大猷、林翰瀛为主笔。其形式与《申报》同。当道以报馆之馆字不妥，令改为局字。光绪十七年，因事触怒粤督李小泉，令番南两县封闭，不准复开。有"辩言乱政，法所不容。广报局妄谈时事，淆乱是非，胆大妄为，实堪痛恨，亟应严行查禁，以免淆惑人心！"等语。该报不得已，乃迁沙面租界，请英商必文出面，改名《中西日报》，继续出版。后又易名《越峤纪闻》，但不久亦停。

第四辑

遗闻轶事　不能忘却

我的父亲戈公振

戈宝树

　　我的父亲是在 1935 年 10 月去世的，到现在已经五十年了。去世时他还没有过他的四十五岁生日，正是一个人事业成功的黄金时代。以现代人寿的标准来看，他实在可以算是"夭逝"。我们的家乡江苏省东台县是个面积相当大、人口相当多的县份，但是出的杰出人才并不多。近代能数得上的知名人物，只有张季直和戈公振两人，但是前者加入了南通籍，而后者盛年去世。因此，有些东台人便相信东台县的风水不好，留不住好人。

　　我的父亲去世时，我才十五岁。我的母亲是在我两岁时离开我父亲的，据说她后来投海自杀。因为父亲没有再结婚，加以他两次长期出国，我小时大部分时间跟姑母戈绍怡居住。所以我跟父亲一同生活的时间不长，直接接触的机会不多。虽然如此，父亲对我还是有很大的影响，只可惜他去世太早，我没有能在成长的年龄多接受他的教诲和熏陶。

为了完成他的著作，父亲需要查考很多资料。他经常到上海徐家汇耶稣会修道院的藏书楼去工作，跟那儿的主持人徐宗泽修士成为朋友。由此他得知耶稣会办的徐汇公学是管教严格只收住读生的欧洲传统的学校，并决定送我进这个学校念书。这就成了我学习法文，后考进震旦大学和到法国留学的原因。这个决定对于我的人生历程有极大的影响。

父亲刚从苏联回来，我去看他。那时我是高一的学生，身上穿的制服。他看了很赞成，并且说他将来也要穿制服，他也许没有想到十几年后，被叫作"学生装"或"中山装"的制服会成为中国最普遍的服装。在国外生活了许多年后，到现在我还是相信，西方的服装并不合理，并不先进，中国人应该独立地、科学地、审美地选择或设计最适用的服装而不应该盲目地抄袭西方。

父亲从事新闻事业数十年，生前好友很多是新闻界人士。父亲去世后，因为我是他唯一的后人，很自然地有许多人认为我应该继续他的事业，也许他们觉得，如果我进入新闻界，他们可能给我较多的帮助，但是父亲在世时似乎并没有希望我继承他事业的意思。在苏联时，他看到了一个新兴国家积极从事开发和建设的情形，充分体会到工业化和工程师对于落后国家的重要性。当他听到我有念工程的志趣时，他很赞成。

没有继承父亲的事业，照传统的看法，我可以说是个不肖子，幸亏我的堂兄戈宝权一直跟我的父亲很接近，一方面由于年龄，另一方面由于专长和兴趣，他实际上继承了我父亲的事业，从而减轻了我的内疚。说到不肖，就想到父亲有许多优点和长处都是我所没有的。首先他的书法很美，记得小时临帖练字时，他曾说只要求我写得像不要求我写得好。

当时我心里想，帖上的字好，写得像就是写得好。其实父亲所谓好自然是指较高的艺术境界，跟肤浅的像，不可同日而语，他对我并没有过高要求。可惜父亲这样的榜样并没有促使我进步，事实上惭愧得很，我连肤浅的像都没能做到。

在中国人里，父亲的个子是相当高的。戈家虽说"世代书香"，但并不有钱。父亲出身于小县城，年轻时没有进过非常西化的高等学府，但是他的仪表很出色。他也相当注意衣着，风度翩翩，很像西方的外交家。他去世后，当时在上海一带很有名的滑稽小说家徐卓呆写过一篇纪念性文章，其中提及我的父亲是个"漂亮的江北人"。这话虽然显露了徐本人的地区偏见，但也正确地反映了一般人对我父亲的印象。

父亲为人仁厚，非常愿意帮助人，非常愿意原谅人。知道他的人，可说有口皆碑，最突出的例子自然是他跟母亲的关系，虽然我母亲背弃他很伤了他的心，但他还是跟她说，如果她发现自己走错了路，受了人欺骗，随时欢迎她回家来。父亲非常会体谅别人。有一次我跟他一起在街上走，要替他拎皮包。对于一个十来岁的男孩，其实这并没有什么不合适，但是父亲不肯。大概他认为自己可以做的事，不该交给孩子做。平时在家，父亲不多说话。我也没有看到过他发大脾气。"一·二八"事件前后，父亲为了生活方便，住在一家俄国饭店的楼上，我也有一把他房间的钥匙。有一天我发现我的钥匙丢了，当时大概我觉得，丢了钥匙锁就不安全，所以请人帮忙把锁破坏进了房间，晚上父亲回来，对于我鲁莽的行动很不以为然，但是并没有责备我。可是由于我，他的不悦就是很大的责备。第二天我的钥匙就在附近朋友家发现了。

父亲去世太早，是我一生最大的损失。最使我感动的是，隔了半个世纪之久，大家并没把他忘怀，还写文章回忆他，举办纪念会纪念他。大家对父亲的友情和崇敬，是我最大的安慰！

（原载于 1985 年 12 月 15 日《光明日报》）

我的叔父戈公振

戈宝权

  我的叔父戈公振，是著名的爱国进步新闻记者，是我国新闻学和新闻事业史研究的开拓者，又是我国早期新闻学教育的侣导者，他为了革新我国的新闻事业，奉献出了他毕生的精力，做出了卓越的贡献。1931年"九一八"事变和1932年"一·二八"淞沪战争前后，国难日益深重，他积极宣传并参加抗日救亡运动。1935年他临终前还说："国势垂危至此，我是中国人，当然要回来参加抵抗侵略者的工作。"这表现出他作为一个伟大的爱国主义者的胸怀。

  回想我的叔父生前，我同他相处和生活在一起的时间较长，得到他的亲切关怀和教诲之恩也很深。记得童年时，他曾送了一盒积木给我，他在盒盖的里面用工整的小楷写着这样两句话："房子是一块砖头一块砖头造成的，学问是一本书一本书读成的。"不用说，积木早在童年时就散失了，我当时还把盒盖珍贵地保存着，后来盒盖也不见了，但他写的这两句话，却长久地铭刻在我的脑海里，而且对我后来的生活、工作、学习和思想，都曾发生过很大的影响，因此当我拿起笔来改写回忆他的文字时，这两句话首先浮现在我的脑海里。

　　记得 1980 年在他九十周年诞辰之际，我曾应《人物》杂志之请，写了回忆他的长文，记录了我从长辈们口中所听到的，以及我和他在一起生活的日子里所见到的种种情形。今年 11 月 27 日，是他 100 周年诞辰大庆，10 月 22 日又是他逝世的 55 周年的忌辰，我特根据新发现的一些材料，重新改写了这篇文字，以表示我对他的追念与缅怀之情。

一、早年的求学生活

　　首先从我们的家乡和家庭谈起。我们的家乡东台县，位于江苏省苏北里下河地区的主要交通航道串场河（运盐河）边。东乡为海水河地区，以产盐闻名，西乡为甜水河地区，主要是产粮区。由于水网交错，物产丰富，因此也有"鱼米之乡"的称号。我们的家庭，是县城里的一个所谓"世代书香"的读书人家。我的祖父戈铭烈（字骏叔），是个监生，很受地方人士的尊敬，当他 1922 年逝世时，他的遗像和墓碑还是由我的叔父请孙中山先生题写的。我们家里有不少藏书，记得其中就有邹容的《革命军》、梁启超主编的《新民丛报》，还有我们童年时最喜欢看的《点石斋画报》。当 1911 年辛亥革命时，我们家最早表示了响应。我的母亲时常说："光复那一年，我们家门口最先挂上了白旗！"

在我们家族里,我的叔父属于第十九世(代),以"绍"字排行,我的父亲名绍甲,字曙东,多年来在家乡从事教育工作,他是"绍"字辈的老大,大家都叫他"大哥"。我的叔父戈公振,他原名绍发,字春霆,是老二,同辈的人叫他"二哥"。至于我们晚辈的,从小就叫他二叔,用土语叫是"二牙牙",我想,"牙牙"大概就是对长一辈的尊称"爷爷"的谐音。姑母绍怡,号更生,当过多年小学教员;我们用土话叫她"亮亮"(嬢嬢的谐音)。此外,我们还有一位堂房叔叔戈绍龙,曾在日本九州帝国大学学医,得过医学博士的学位,因为他比我的父亲、二叔和姑母的年纪都小,按顺序我们叫他三叔或是绍龙叔叔。据我的母亲和姑母说,我小时候曾经过继给了二叔,也许正因为这样,二叔从小就喜欢我、爱护我和培养我,而我一生中也是非常敬爱他、感激他和怀念他的!

我的叔父戈公振,生于清光绪庚寅十六年(1890)阴历十月十六日(阳历11月27日)。据我父亲的记录,他出生在石头巷卢宅;据绍怡姑母的回忆,后迁居兰香巷;在我出生前不久,才移居玉带桥巷。他的名字是由长辈代取的,除了名字还有字和号,且这些字和号,又都出典自古籍。查《礼记·月令》,春季"雷乃发声";又查《诗经·大雅》有"如雷如霆,徐方震惊"之句,《尔雅·释天》有"疾雷如霆"(即指霹雷——春雷),因此他的名叫"绍发",字就取为"春霆"。再查《说文》:"占义霆雷不别,许意则统言谓之雷,自其振物言之谓之雷,自其余声言之谓之霆。"我想,这可能就是"公振"这个号的来历。由于他从事新闻工作以后就用"公振"这个名字,因此除了家里长辈之外,很少有人知道他原来的名和字了。

六岁时,我的叔父先在伯曾祖母翟太夫人创办的殽庵学塾读书。这位伯曾祖母（我们叫她老太太）是位才女，写过家训和诗文，有"风动林花静，月圆塘水方"的名句，曾被浙江罗传珍收入《咬菜根斋诗话》。据我的姑母说，他在家塾读了三年书，又转入同里杜晴波学塾，还在一位名叫戈右衡的泰州本家叔祖开设的求智学社学过算术。后来他在1904年进了东台唯一的高等学堂。据绍龙三叔说："东台高等学堂虽是高小，但是当时在某些方面，超过今天的高中。"他在学校里是优等生。他学过黄山谷、赵子昂的字帖，因此字也写得非常工整，至今家中还藏有他临摹山谷老人"钓矶"二字的石刻。我记得当我进高等小学时，有些同学从学校后楼的一间库房里拣出了不少古老的考卷，其中就有他写在红格子纸上的考试作文。他还写过骈文，据绍龙三叔告诉我，当20世纪初在巴拿马运河劳动的华工遭受虐待时，学校里出了一道作文题，他写的作文里就有"我亦有土，何必力尽海边，家非无坟，突为骨埋山岛"的句子。那时高等学堂在城东头的文庙旁边，当他毕业考试名列第一名时，学校里特地派了轿子，给他披红挂彩，抬他回家，这在我们全家人是引为光荣的事！

毕业时，我们的伯祖父戈铭猷（字伯鸿，伯曾祖母翟太夫人的长子，是位诗人和作家，著有《慎园诗文钞》），正在江西省铜鼓厅任知县，他曾随侍伯祖父，并在县署里学习。辛亥革命后，他回到家乡，1912年曾在一位开明的乡绅夏寅官（虎臣）家当家庭教师，并在他创办的淮南法政专门学校听课。同年，他又参加了陈星南创办的《东台日报》，从事担任图画编辑工作，这就成为从事新闻工作的起点。

1913年，他同我的父亲一起到南通去，投考张謇（季直）创办的南

通师范学校。我曾问过我的姑母绍怡，她告诉我："他们是那一年同去南通投考的，你叔父的成绩最好，他考取了第一名。这就是你出世的那一年，你父亲去南通读书的。"但我的叔父没有入学，我曾经问过他，他回答说："当时家里经济困难，不能负担两个人的学费。你的父亲比我大三岁，我才二十三岁，应该让你的父亲先读书。"于是他就决定离开家乡到上海去谋生。他还说过，当时他觉得家乡的风气守旧、落后而又闭塞，死守在家乡很少能有发展的前途，因此他下了决心去到"十里洋场"的上海，就是在马路上帮助修马路的工人打石子，他再也不回家乡了。事实上也确是如此，我记得当我童年时，他只回过家乡两三次，但他对家乡还是很有感情的。

二、到上海进入新闻界

我的叔父在家乡时，曾在夏寅官家当过家庭教师。1913年冬天，他带着夏寅官的介绍信，到了上海去拜望狄葆贤（楚青）。狄楚青早年留学日本，抱有革命思想，曾在上海组织中国独立协会，密谋起事，事败后，于1904年创办《时报》，在文字上进行鼓吹革新的工作。他同时又创办了有正书局，出版影印古画、碑帖及书刊等，我的叔父曾这样讲起他：

先生是诗人、书画家。少时愤懑清政府腐败，毅然以革新

自任，曾因事败走日本。回国后为保存美术创办有正书局，为

挽救舆论创办时报馆，至今其志不衰，先生著有《平等阁笔记》
四卷、《堰诗话》二卷，为土林所传诵。

由于他曾经学过书法和绘画，一进了有正书局，就先在图画部习业
（当学徒）。我的姑母告诉我："他初到上海时，在威海卫路有正书局
发行所图画部当职员。"当时有正书局采用日本的最新印刷技术如珂（王
罗）版等，印刷名画字帖。据说，我的叔父曾编了一本供学生用的习字帖，
立即风行一时，深得狄楚青的重视。他后来还编辑过一本《中国图案集》，
于 1925 年由有正书局出版。这本书的编成，曾得到画家陶元庆的帮助，
也许这是我国出版的一本最早的关于美术图案装帧的书了。

他在有正书局工作时，得到狄楚青的器重，曾升到出版部主任。
1914 年他 24 岁时，又被调到《时报》编辑部工作。最初任校对、助编，
后任编辑，撰写时评，一直升到总编辑。同时，他还利用业余时间，在
神州法政学校学习，在青年会等地补习英语，他在《时报》前后工作了
15 年，对报纸的革新做了大量的工作，创办了多种副刊，特别重视文化、
教育、文学、艺术和体育等各方面的新闻。1920 年他首创了《图画时报》，
为中国画报的历史展开了新的一页。据绍龙三叔说："他曾对我说过，《图
画时报》是他的得意之作。"

多年来，《时报》深受文化界和学术界人士的欢迎。如蔗园写的有关《时
报》的文章中曾说："我的读报初期，就是从读《时报》开始的，而且
在那一时期中的所谓'新学界'的人，也多半读《时报》。"胡适也曾
盛赞《时报》道："《时报》出世之后，不久就成了知识阶级的一个宠

儿。几年之后,《时报》与学校,就成了不可分离的伴侣了。……我当时对于《时报》的感情,比对于别的报纸都更好些。我在上海住了六年,几乎没有一天不看《时报》的,……我们不能不承认,《时报》在中国报史上的大功劳。"凡是当时在上海生活过的人,都还能记得报贩在卖报时总是这样叫喊的:"《申报》《时报》《新闻报》!"可见《时报》的地位也是很高的。

据陈学昭回忆说,1932年她正在上海爱国女子学校读书。这年《时报》元旦号上出了一道征文题目:《我理想中的新妇女》,她用学昭的笔名写了一篇文章,不久就被录取为第二名刊登出来。她还接到我的叔父写给她的信,鼓舞她多多写稿,她从此就认识了我的叔父,而且经常得到他的鼓励与帮助。

狄楚青后来因积劳成疾,将《时报》的主权出售,由黄伯惠接办。黄伯惠认为要使《时报》成为中国的良好报纸,非精神和物质两方面同时并进不可,即除评论与新闻方面务求平实,在印刷技术方面也要大加革新,他最初采用了红黑两色套印新闻和广告。我的叔父继续在《时报》工作,直到1927年年初出国为止。在《时报》工作期间,他的交游也非常广泛。我们从他保留下来的书信中,就发现有蔡元培、胡适、杨杏佛、章炳麟、马相伯、沈尹默、叶恭绰、邵力子、黄炎培、史量才、狄楚青、胡愈之、邹韬奋、王礼锡、严独鹤、周瘦鹃、包天笑、毕倚虹、王钝根、郑振铎、谢六逸、田汉、宋春舫、梅兰芳、黄宾虹、刘海粟、徐悲鸿等许多人写的信。《时报》的特点,还在于经常刊登国外的通信,因此我们知道他同王光祈、徐悲鸿、陈学昭、王一之、李阳实、吕碧城、鲍振青等许多人都早有交往，他们的通信也常在《时报》上发表。

我的叔父在《时报》工作时，他住在英租界大通路的新康里163号，这是我们全家都非常熟悉的地址。那时我的婶母翟蕴玉（1921年同我的叔父离婚）和我的姑母绍怡，都同在蔡元培创办的爱国女子学校读书。他办公的地方，在福州路（通称四马路）和山东路（旧名望平街）口，一直到现在这两条马路转角处还有一座七层的宝塔式的建筑物，据说这座《时报》馆的新楼，是由我的叔父参加设计的。我现在手边还保留着一张他当年的贺年片，正面是他亲笔写的用红底白字印出的拓片式的"新岁万福"几个字，背面就是《时报》新楼的照片。

记得他在《时报》工作时，除了《时报》和《图画时报》之外，他还经常寄各种新出的报刊和书籍回来。甚至在每年新年时，他把人家寄给他的各种贺年片，也都带回来给我们。我从小就喜欢读书，1924年年初他同绍龙三叔回过一次家乡，那时我才10岁。绍龙三叔是从日本回来探亲的，他带了日本的文具盒、纸做的折灯和风景明信片给我们。这次我请二叔到上海后买一套唐小圃编译的《托尔斯泰儿童文学类编》给我，这套书共五编六册，是由商务印书馆出版的。不久我就接到他寄来的书，在第一本的封面上他用钢笔写着："宝权侄览，公振寄。十三、三、二十八。"回想起来，这已是66年前的事了。但我把他送的书一直保留到今天。我珍贵这套书，主要是因为其封面上有他的题字；同时还是因为这套书为我打开了第一扇开向俄国文学的窗户，更何况我最初接触到的俄国文学，又正是俄国大文豪托尔斯泰的作品呢！

三、从事研究新闻学

当我的叔父在《时报》工作时，他就专心研究新闻学，并开始著述有关新闻学的书籍。他的第一本书，是据美国开乐凯（F. N. Clark.Jr.）的著作 "*The Hand book of Journalism*" 编译成的《新闻学撮要》，于1925年2月由上海新闻记者联欢会出版。书前印有梁启超在当年1月17日写的序言，其中说："戈君从事《时报》十有四年，独能虚心研究及此。予喜其能重视其职业，与此书之有裨后来者也，爰为之序。"他本人在1924年7月写的《译者的话》中也说：

> 我国关于新闻事业的著作和译述，近来虽有几本书印出来，但是可算极少数了，而且偏重理论的多，注意事实的少。我常想将自己在新闻界十余年中的经验，一一写出来，供给有新闻记者志愿的人们实际参考。但是担任的事务多，不能如愿。这本美国开乐凯氏的《新闻学撮要》书中所说，句句深得我心，是一本很有价值的著作。开氏服务新闻界很久，他的阅历，当然是很丰富，所以我将它先翻译出来，或者于我国新闻界不无小补。其中有与我国情况不同的地方，由译者酌量删节或附加注释，使此书便于我国人实用。

我记得他编译的这本《新闻学撮要》，曾经绍龙三叔仔细校阅过。他亲自设计封面，书名也是他亲自写的。这本书出版后立即受到新闻工作者和读者的欢迎，很快销售一空。如我在我叔父的遗物中，发现了一个署名湖北张源鹏的人，在1935年3月20日写的《读戈编〈新闻学〉后》，即可见一斑：戈编《新闻学》之特点有二：一曰附录，一曰插图。附录多实用文，插图则易使读者了解而生兴趣，斯二者均编辑新闻学者所不可少也，不期独于戈编《新闻学》见之。——译文中"新闻鼻"（A Nose for News）一节，语皆确论，实属经验之谈，岂仅有裨于练习记者？

夫事难尽美，是书亦然。新闻人才是书所重也！而于报纸之组织与设备……，惜语而不详，余甚愿公振先生更有以贶我人于再版也。

总之是书之重实用，可不有疑，余谨以梁任公"有裨后来"之言（见书前序言）为余论是书之结束。

同时他又研究中国新闻的历史，他称为"报学生"。他在1926年6月为《中国报学史》写的《自序》一开头就说：

> 民国十四年夏，国民大学成立，延予讲"中国报学史"。予维报学（Journalism）一名词，在欧美亦甚新颖，其在我国，则更无成书可考。无已，姑取关于报纸之掌故与事实，附以己见，编次为书。时未越岁，已戢然成帙矣。

这本厚达380多页、200多万字的巨著，于1927年11月由商务印书馆出版，那已是我的叔父第一次出国之后第十个月的事了。这本书到了

1928年10月就再版，1931年5月三版，到了1935年1月又出了国难后（指"一·二八"战争商务印书馆毁于日军炮火）第一版。这本书出版后立即得到好评，如素痴在1928年4月10日为《大公报》文学周刊写的《评戈公振中国报学史》一文中就说：

> 中国报学史一册，东台戈公振著，商务印书馆出版，定价三元。此书搜讨之勤，网罗之富，实为近来著作中之所罕见者。……此书不独可使报界中人明本业之掌故。其第二（指"官报独占时期"）、第三（指"外报创始时期"）及第四章（指"民报勃兴时期"），可补史乘。后二章第三及第四章更可为近世史料一部分之目录，然其遗漏舛误之处亦所不免。

接着他就资料之待补者和疏谬之待正者，提出了一些意见。此外，还有一些人对《中国报学史》提供了补充和补正材料。这本书也常被外国研究者引用。日本人小林保曾翻译为日文。译者并在序文中指出，"著者戈公振，……就他的经历表明，他在中国是近代新闻界的第一人，作为实际家同时又作为新闻学的系统的研究家，享有很高的名声。"

《中国报学史》这本专著，是我的叔父积累了多年收集的史料和研究才写成的。他曾告诉我，他为了写作《中国报学史》，常向私家藏书和图书馆借阅书籍，并经常到徐家汇天主教堂的藏书楼（现上海图书馆徐家汇藏书楼）去查阅资料。他还向不少人请教，如马良（相伯）的复信说：

公振先生大鉴，敬复者，承问敬悉……中国报纸之源流见《圣武记》。

又如丁福保的复信说：

公振先生撰席，奉读手教……先生拟编中国新闻小史，甚盼早日成书，得以快睹。窃以中国报纸，实滥筋于汉唐邸报，曾见孙樵集中，有读《开元杂报》一篇，尤为今日报纸之权舆，福保寡学肤受，有忝下问。谨捡赠孙集一册，于中读《开元杂报》一则，可资尊著材料者，聊以塞命。

再如郑振铎的复信说：

公振先生：来示敬悉。关于元代事，弟知者极少。先生如看《元秘史》《辍耕录》之类，想必可有所得，《涵芬楼秘籍》，你如要，请于便时来取。其中元人杂记并不多。

看来这些信，都与研究汉、唐、宋、元各代的《邸报》有关。为了研究清代以来外国人创办的中文报刊以及我国某几个省出版的报纸，我的叔父曾在《时报》上刊登了《访求旧报》的广告：

海内旧家如藏有下列老报，或知其藏于何处请示知当从优酬谢。东西洋考每月统纪传（马礼逊编广州出）天下新闻（麦都思编马六甲出）特选撮要（麦都思编巴达维亚出）察世俗每月统纪传（米怜编马六甲出）昭文新报（艾小梅编汉口出）福报（福州出）汉报（汉口出）湘报（长沙出）

记得他曾写信给英语专家周越然，询问英文"Journalism"一字的含义及字源，还写过信给蒋光赤，请他帮助调查了俄国人有哈尔滨和上海等地创办的俄文报纸，我曾看见过蒋光赤的复信。

此外，如我们有位在北京有正书局工作的亲戚杨仲华，曾把清代出版的《京报》和付印的《宫门钞》寄给他，在用活字版印的《宫门钞》中，有一段"十月二十九日，召见军机戈炳琦"的记载。还有清代出版的《渝折汇存》是蒋震泉寄赠的。《官书局汇报》是王小隐奇赠的。清代出版的《京报》，长六寸，宽三寸，封面是黄纸红字，他曾照原样制成套色版，附印在《中国报学史》中，我的叔父还告诉我，《中国报学史》的封面，是他亲自设计的，封面采用黄布面，靠左上角写着《中国报学史》五个红字，中下方的小方框里写着"戈公振著"，这就是模仿"集文报房"出版的《京报》的封面形式。

在这个时期，他还积极从事新闻教学的活动。从1925年起，他先后在上海国民大学、南方大学、大夏大学、复旦大学担任报学系（或新闻学系）的系主任和教授，讲授中国报学史和新闻学。1920年，他参加了上海新闻记者联欢会的工作。1925年11月又发起组织上海报学社，出版有《言论自由》的刊物，刊物的封面就是他亲自题写的。

四、第一次出国考察

1927 年年初，我的叔父靠历年来著作所得的稿费与积蓄，第一次出国到欧美和日本等国去旅行，并考察各国的新闻事业。这时我的姑母绍怡，带着我叔父七岁的儿子宝树回到家乡居住。他在 1 月 29 日乘上法国邮船"达尔塔良号"（D'Ariagnan，达尔塔良是法国作家大仆马的小说《三剑客》中的主要人物，我的叔父把这个名字译成"大大娘"）离开上海。他在前一天的《时报》上登了这样一个启事：

　　①公振以服务本报十五年之休假，定于明日赴欧考察，亲友处未去——走辞，甚以为歉。倘若赐教，临时通信处如下，kungchenkoo, c／oChineseDelegation, Paris（巴黎，中国代表处转戈公振）。②拙著《中国报学史》及改正再版之《新闻学撮要》，现在排印中，不日可以出版，均托商务印书馆一家发行。有兴味于报纸之诸君，敬请留意。

他这次出国，先到西欧。他在从上海到法国马赛途中，沿途写了《华法途中》的通信，发表在《时报》的《旅行通信》栏内。通信的一开头就写道：

予执役《时报》，匆匆十五年，而学识谫陋，至应用之际
而益显，固知学校教育，只能与人以做事之基本，而不必尽副
各人职业上之所需。予意学问经验二者，非相背而实相成。世
界既进化无已，则一息尚存，岂容稍懈。予蓄出外游学之志已久，
至今日而始得达，其愉快为如何。

他在3月到了瑞士，曾于3月9日在日内瓦访问了英国外相张伯伦，
3月10日访问了法国外长白理安，此外又曾访问了德国外长史特莱斯曼，
他都写成通信在《时报》上发表。后来还曾写过《白理安的回忆》和《德
外长史特莱斯曼之回忆》等文，刊登在邹韬奋主编的《生活周刊》上。
他曾几次到过日内瓦，作为一个新闻记者，参加过国际联盟的不少会议，
如世界经济大会、国际劳工会议、英美日三国海军裁减会议、国际交通
与运输会议等。他对于国际联盟是有自己的看法的，如他说：

民国十六年我游历到日内瓦，主要的目的不是玩赏美景，
却是要看一下国际大舞台——国际联盟——演的是什么把戏。
这个机关老实不客气地说，完全是英、美所操纵，所以其他
四十余国都站在跑龙套的地位。

1923年4月10日写的《国际联盟与中国》一文中又说：

　　国际联盟之现状，质言之，一欧洲外长会议耳。此所谓欧洲，苏俄且须除外，此所谓外长，虽顶会不尽外长，然会务固操纵于三数强国外长手也。换言之，国际联盟之目标，在维持欧洲均势。苟二强国间，或强国间在弱小国家之权利与势力范围内，发生冲突，由会中协商处断。明乎此，才知联盟初未注意远东问题。中国在会中地位，备员而已，实际无足轻重。历任代表，知其然也，故亦多清静无为，自甘其为备员焉。

　　联盟希望于中国者，纳费而不发言，顺从而无异议。欧洲问题，中国本无置喙余地。中国问题，又与列强相抵触，非会中重要份子所愿闻。曩者中国挟奢望以俱来，以为巴黎和会未解决问题，无不可于此会中解决之，而结果乃如水中捉月，影响毫无。

　　这些话一针见血地指出了国际联盟的实质，但我国却又不能不利用这个国际舆论的阵地。1927 年 5 月，他被国际联盟邀请，参加了 24 日至 29 日在日内瓦举行的国际新闻专家会议。这次会议主要讨论为消除国际间误会，如何使新闻迅速传递而减少费用，以及按照新闻专家的意见，如何推进各国的舆论以维持世界和平等问题。他在 24 日下午大会上讨论议案时第一个登台发言，提出：

　　中国在世界上，可谓为人最不了解的国家之一，……迩来予游历欧洲，观察各国对于今日中国之国民运动，殊多误会一端，

深为诧异。……酿成此种特别情况之错误，乃出于发电之地点。诸君当知中国对于本国及外国之交通，无权管理。即在戒严时期，中国当局对于由海线传递之消息，亦无检查之权。……予望本会讨论新闻检查法时，无徒注意政府之行为。

他在发言中又表示：

予以中国记者资格发言，对于外国报纸及多数报界团体，据了解中国之诚意者，深为钦佩，更信中国人民，亦同具此感想。予希望西方报纸，在其国内，皆具伟大之势力，为远东和平计，宜继续努力，以增进中国与西方之了解。

他发言完毕后，大会会长彭汉子爵立即起来说："顷聆戈君演讲，能言善辩，深为钦佩，鄙人谨代表全体，向戈君致谢。"

我的叔父在西欧旅行期间，因无日记可查，只能从他写的通信，他保留下来的各种西行纪念品（如车票、戏票、入场券、请柬等）探索出他的部分行踪。他在1927年年初抵法国时，曾在3月下旬应谢寿康之请，到比利时首都的王家剧院观他所编的《李碎玉》一剧，但比利时警察当局怀疑他是共产党人，不许他入境。他不得不到卢森堡去向比利时公使馆交涉，他把比利时公使馆开的允许入境但注明"不得有所活动"的信件和补购的车票，都作为纪念品保存着。他在当年3月、5月、8月和10月到过瑞士，8月中旬游览过冰山勃朗峰。4月、6月、7月在法国，曾

158

在 6 月访问过里昂，并于 6 月 20 日参加过在巴黎举行的万国戏曲协会的成立大会。5 月访问过德国。6 月、10 月到过意大利，还特地在古罗马市场的遗迹前照了相，这个广场名为"Forum"，也有"市场"或"论坛"之意。当年 10 月以后，他从法国渡过海峡去到英国。11 月底、12 月初他专心在大英博物馆的东方图书室查阅藏书，终于见到了他在撰写《中国报学史》时，曾经登广告征求过的几种外国人创办的中文报刊：清嘉庆年间出版的《察世俗每月统纪传》、道光年间出版的《特选撮要每月统纪传》《东西洋考每月统纪传》、同治年间出版的《旧金山唐人新闻纸》等，并写成了《英京读书记》一文，对《中国报学史》做了补充。他在文前这样写道：

> 我国向未视报章为一种著述，且日久则卷帙浩繁，非有大厦，度藏实难，故予纂《中国报学史》时，有若干种只存其名而未见其书，中心憾之。我国现代报纸之产生，系发端于英人。此来伦敦，于英国博物馆藏书目录中，果获曩日遍访而未得之定期出版物多种，爰撮大要，以足吾书，兼以飨治报学者快睹焉。

此外，他在伦敦时还访问了《泰晤士报》和路透通讯社，并曾在伦敦政治经济学院听过课。1928 年 3 月，他被接受为国际作家组织"笔会"（The P.E.N.Club）的会员，参加过该会的活动。我记得他曾在剑桥住过，用剑桥大学的信纸写过一封简短的英文信给我，那时我正在家乡的东台母里师范读书，可惜这封信没有被保留下来。

　　1928 年 5 月初，他来到德国的柏林，并参观了在莱茵河旁的科恩（即科隆）城举行的世界报纸博览会，他在通信中写道："博览会性质，以报纸为主体者，吾未前闻，有之，自科思始。"这个博览会于 5 月 12 日正式开幕，陈列馆共分三大建筑：一为报纸的历史进化部、二为现代报纸部、三为外国部。报纸的历史进化部共分 28 室，按报纸的产生和发展的顺序，介绍了欧洲各国的新闻历史。在外国部中有中国馆，但当时没有得到国内应有的重视，陈列简陋。他在通信的结尾处写道："我国为造纸及有报纸最先之国，大可借此宣传，何国人——尤其与自身有关系之报界——漠视至于如此也。"当时在报纸博览会上还出售一种小纪念刀，一面刻有科隆城哥特式建筑的大教堂和城徽，另一面刻有莱茵河旁报纸博览会的全景和"apressa（报纸博览会），1928"的字样。记得他带了不少这种用皮套装的小刀回来，作为礼品送给朋友。我至今还保留着他用过的这样一把小刀，这已是六十多年前的遗物了。

　　此后他就离开欧洲，在六七月间到了美国纽约、华盛顿、芝加哥、旧金山（圣弗兰西斯科）等地。在纽约访问了《纽约时报》，在芝加哥访问了《芝加哥论坛报》。在 7 月下旬游了加拿大的温哥华市，8 月初由旧金山乘"俄罗斯皇后号"前往日本，写有《美日途中》的通信，刊登在《时报》上。

　　在日本期间，他从横滨登陆，到过东京、京都、大阪、神户、门市等地参观访问，其中更多的时间是住在九州福冈的博多，这是绍龙三叔当时居住的地方。这时他跟三叔学习日语，并研究日本的新闻事业，参观过大阪的《每日新闻》和福冈的《日日新闻》，写过《旅日新感》（10

月 10 日）、《旅日杂感》（11 月 10 日）等通信文字。特别是他在参观了京都大典纪念博览会的满蒙馆，在福冈参观了"元寇纪念馆"和见到 10 月 20 日在百道松原地方举行的所谓"元寇纪念会"，看到日本当局利用种种活动鼓舞日本人民侵略我国东北和全中国的野心。因此他在通信中曾说："满洲是我国东北的门户，这个问题一天不解决，我们一天就不能'高枕而卧'。但是我们没有实力，也不能解决这个问题。我们先要能勠力同心地紧防着人家再来捣鬼，一面再用远交近攻的手腕赶快生聚教训起来。"从这也可以看出，他早就感觉到中日关系的问题所在了。

他在欧美和日本等国旅行和访问时，非常关心各国新闻事业的新发展。上自参观各国的主要大报馆，如英国的《泰晤士报》、美国的《纽约时报》、日本的《大阪每日新闻》等；下至浏览瑞士和德国的街头卖报亭，德国新发明的自动卖报机，美国自己付钱买报的名誉制度，日本街头的新闻图片展览橱窗等，他无一不感兴趣，认为外国新闻事业中可资我们学习的地方还不少。

1923 年年底，他离开日本回到上海，结束了他两年来在欧美和日本的旅行与考察新闻事业的活动，带着深刻的印象和丰富的收获归来。

五、从国外归来

1928 年年底，我的叔父戈公振从国外归来，这时我刚进上海胶州路的大夏大学不久。记得他初抵上海时，先住在四川路桥附近的青年会。

有一天早晨我去看望他，他很高兴，还把绍龙三叔请他带回的一只旧手表给了我。我看到在他住的房间地板上，放着两只草编的方筐，他曾告诉我，里面装的都是他在国外收集的报刊资料，准备供写《世界报业考察记》用的。过了不久，他就搬到距离胶州路不远的海防路国民大学新建的校舍，我也常到他那里去。

1929年的春天，我的叔父在旧法租界辣斐德路（现复兴中路）和亚尔培路（现陕西南路）转角的淞云别墅，租到一所三层的楼房，门牌是四号。这时我的姑母也带着堂弟宝树（我叔父的儿子），从老家东台回到了上海，我第一次从学校来到这所新居时，心里感到多么温暖，每逢星期天都要回去，暑假和寒假也就在我叔父的家里度过。二叔一个人住在三楼上，房前有个小阳台，他每天起床后就在那里做早操。他住的房间简单朴素：一张单人钢丝床，一张写字台和圈椅，那是一个从法国回来制造新式家具的朋友送给他的，靠左的墙壁，是四个五层的书架，上面都放满了书籍和报刊，有中文的，也有英文和日文的。我近年来几次到过上海，每次都到淞云别墅去看一下。过去弄堂口的"淞云别墅"四个大字早已不见了，弄堂口的门牌已改成复兴中路1196弄，但是弄内四号的那所楼房依旧是原来的样子。不由六十多年前的往事又呈现在眼前。

我的叔父回到上海后，过着独身的生活，但我的姑母为他安排了一个家，为他创造了舒适工作和生活的条件。这时他离开《时报》，应史量才之请，参加了《申报》的工作，担任该报总管理处设计处的副主任，主任是黄炎培。他当时很想就他在国外考察所得，对改进中国的新闻事业提出一系列的建议。从他遗留下来的仅有的1930年前三个月的日记中可以看出，他在 1 月 3 日写道："晨入馆写建议书"；1 月 6 日有"晨起匆匆赴馆，写致史先生建议"，1 月 7 日、8 日、9 日都有"晨起即赴馆，写致史先生信"，从现在保存的几份建议书的手稿中也可以看出，他是想把《申报》办成一个现代化的报纸。他在信的开头这样写道：

量才先生赐鉴：

公振漫游归国，幸隶帡幪，倏忽一年，愧无建树。语云：一年之计在于春，又云：食人之禄，忠人之事，爰就管见所及，略陈梗概，倘不以琐渎请听为罪，而竟采及，幸何如之。

敬颂

道安

公振拜上

如另一信稿又有：

振为《申报》职员之一，故对于《申报》之前途，愿有更进一步之建议。

他认为《申报》有悠久的历史，有较完美的设备，而且在社会上有领袖报纸的地位，因此对《申报》在新闻内容上、在推广销路上、在创办画刊上，甚至在建立资料室方面，都提出了自己的意见。由于他的建议，《申报》从 1930 年起就开始出版大张影写版的《星期画刊》，而且

他亲自担任主编。这年8月他又为邹韬奋主编的《生活周刊》，写了《中国报界应有之觉悟》的长文，发表了他对新闻界的意见。他主张各大报纸应各发挥其一定之宗旨与特色，而不应做无谓之竞争；各报应协力合作，要求言论自由，共同进行采访；各报应勿安于环境和现状，应改用语体文，使报纸能成为民众的喉舌；等等。

我的叔父除在《申报》工作外，还修订了《新闻学撮要》。这本书最初在1925年2月出版，正如他在同年6月写的《再版的序》中所说的：

> 此书的第一版，居然有人欢迎，立即销售罄尽，这是编者所非常欣慰而以为荣幸的。并且得了读者的指教不少，更使我非常感谢。
>
> 此次再版，除将应当改正之处，重新改过外，又加入若干新材料，我相信可以供读者的参考。这本小书，虽然无甚价值，万一多少有贡献于中国新闻界，那就是编者的莫大希望。

但是这个再版本并未出版，到了1929年1月他又写了《向想读本书的人道歉》的话：

> 这本再版的书，印好了一半，刚遇着阴历年关，工人照例要休息，我又匆匆地出洋，没有等着印完全，接着《时报》迁移新屋，又把铅版弄得很混乱，而且遗失了一部分，我所托的一个友人，竟无法代我整理，只好搁起来。光阴很快的已经两年过去了。

在这个长久时期中，国内政局和报界的情形，都有很大的变化，这本书里补充的材料，许多已变成陈腐。所以我乘着这次续印的机会，索性把这些材料完全抛弃，而加入很新鲜的，我这次世界一周所得有关报纸的文字和图画，想能得读者的赞同吧！

再版本在 1929 年 2 月出版，他重新设计了封面，引用美国探险家和考古学者亨利·韦尔科姆（HenryS. Wellcome）的话，"人类的最初记录是脚印，说明他的来、他的去和他的作为"，在封面的右下角就印了有人类脚印的图。书的附录中有他写的：《世界报纸的三大趋势》《新闻教育的目的》《国际报业专家会议之结果》《世界报纸博览会参观记》和《英京读书记》，插图也非常丰富。原书正文的一部分和附录都是新排的，我曾为他看过校样。

这时他又开始撰写《世界报业考察记》，其中有访问英国《泰晤士报》、路透社、美国《纽约时报》及《芝加哥论坛报》等多篇文字。如《伦敦泰晤士报社参观记》，曾在《国闻周报》第七卷第四十一、四十二期上连载。这本书是交给商务印书馆出版的，可惜"一·二八"战争爆发时，原稿及排印件全毁于炮火。

这期间，他还应邀到南京、杭州等地讲学。1929 年年初到南京时，做了关于各国新闻报纸之趋势及我国报界应取之方向暨新闻记者应有之学识的报告，1929 年 5 月下旬，参加上海记者视察团，先后到了北平和东北参观访问，在沈阳时受到张学良的接见。1930 年夏又去杭州做了关于《报纸之过去，现在与将来》等报告，此外，他还在各大学（如上海

的大夏大学、复旦大学和南京的中央大学）讲授新闻学。

工作之余，他非常注意锻炼身体，他常到青年会的室内游泳池游泳，打网球。他喜欢听音乐，学习拉提琴。他甚至学会了跳交际舞，而且跳得很好。

六、"一·二八"战争前后

我的叔父在淞云别墅住了两年多，后来为了节约家用开支，就又搬到环龙路（现南昌路）一家名叫德发饭店的俄国大菜馆的三楼一个人独住。楼下是餐厅，饮食条件很方便。1931年"九一八"事变爆发后，他的思想开始发生很大的变化，积极参加抗日救国运动，并开始阅读马列主义的著作和研究苏联问题的书籍。接着"一·二八"淞沪战争爆发，我和父母弟妹们当时住在靠近北火车站附近七浦路的新唐家弄，我们目睹了战争爆发前夜的和当天的情景。战争爆发后，我们立即跨过苏州河逃到英租界，后来又转到法租界。那时我的姑母住在环龙路，华龙路（现雁荡路）转角中华职业教育社楼上的宿舍里，和二叔住的地方很近，我就到二叔的住处睡地铺。在日机轰炸商务印书馆印刷厂和东方图书馆的这一天，我们站在中华职业教育社的楼顶上，看到闸北宝山路一带火光冲天，浓烟滚滚，东方图书馆的珍本藏书都化为灰烬，一直飞到法租界。不用说，我叔父的新著《世界报业考察记》，也同商务印书馆的印刷厂一起毁于炮火。

这时候我因为和二叔同住，早晚都有交谈的机会。有一天早晨我们站在阳台上谈话时，他曾这样说："我的年纪已经大了（其实他那时才不过42岁），我至多只能成为一个社会主义者，而你应该成为一个共产主义者。"这次谈话给我留下了非常深刻的印象！他鼓励我学习俄文，也可以说，他为我的生活指出了一个新的方向。

"一·二八"战争爆发以后，他白天到《申报》去办公，夜里回来都比较晚。我知道他这时参加了上海文化界的抗日救国运动，并同陈望道、丁玲等129人联合发表了《中国著作者为日军进攻上海屠杀民众宣言》，从他的谈话中，才知道他晚间常到吕班路（现重庆南路）万宜坊邹韬奋家，同胡愈之、杜重远、李公朴、毕云程等人商谈创办《生活日报》的事宜。他们创办的这份报纸要成为宣传抗日救国的独立自由的舆论机关，我的叔父被推举为该报的编辑部主任。韬奋曾这样写道：

> 戈先生在新闻界的历史最久，他在我们这几个人里面可算是老大哥，但他对新闻学研究兴趣之浓厚，力求进步之勇猛，却又无愧为一位活泼的青年……

筹办中的《生活日报》后又决定请我的叔父担任总编辑。韬奋又曾写道：

> 本报的总编辑已请定戈公振先生担任，戈先生担任《时报》记者及总编辑者十几年，到欧美专门考察新闻事业者两年，回国后仅在《申报》的图画周报上小试其技，已成绩斐然。群认

为可与《纽约时报》的星期画刊比美，但在编辑方面总未有给他展其所长的机会。所以我们为本报及人才计，决意请他加入。

当时《生活日报》在广大群众的支持之下，很短的时间内就收集到16万元的股金，可惜遭到国民党反动当局的压迫，未能出版。（关于我的叔父参加筹办《生活日报》的情况，请参看我为1973年第四期《新闻战线》写的《邹韬奋和戈公振》和为1980年第二辑《新闻研究资料》辑录的《邹韬奋、戈公振与生活日报》的史料）

这年2月，国际联盟派了李顿调查团到我国调查"九一八"事变和"一·二八"淞沪战争的真相，我的叔父以记者的身份，作为由颐维钧率领的中国代表团的成员随同访问了淞沪战场。他到了闸北宝山路东方图书馆的废墟，还捡回几张被烧焦的图书卡片。他又冒着生命危险随代表团去到东北调查。他到了北京后，曾写过《东北问题的北平印象》《风沙中写北平》等通讯。他预料这次出关，可能要遭遇危险，在离北京之前曾写了一封遗书交给绍龙三叔，如他遭到不幸时，才能把这封遗书交给我的姑母看。绍龙三叔曾回忆这件事说："亡兄随国联调查团出关时，曾过北平，即住予处，当时出关之我国代表诸君均具决心，亡兄曾作遗嘱交予，幸无恙而返。"后来我在姑母的东西中见到过这封遗书，其中他表示这次到东北，难免遭到不幸，但是为了国难还是毅然前往，不惜生命，可惜多年来我未能再找到这封用毛笔写在红格信纸上的遗书，这对研究他当时的生活是一个很重要的文件。

他随代表团经过大连到了沈阳。代表团住在陈设最考究的大和饭店，附近就是日本警察总署和关东军司令部。他们一进入东北，即受到日伪的恫吓，说他们"如敢越雷池一步，立即予以拘捕，处以极刑"，并声明"所有中国方面的随员，均不准踏入'满洲国'一步"。我的叔父曾先后进沈阳城内三次，并冒险到过"九一八"事变发生的地点北大营。当 4 月 24 日他第三次到沈阳城内时，立即被日伪警发现要加以拘捕。据当时一篇通讯中说：

> 名记者戈公振君亦思一赴沈阳市内，遂乘电车至城内四平街灰市胡同同和茶馆品茶，借观当地人民生活情况，乃被发觉。当时警察云集，团团包围，茶馆顾客奔避一空，戈氏仍淡笑自若，异常镇静，笑问何事？当由警长答称："奉上级命令，请你老到署里去。"戈即偕往，先是戈将赴城内时，曾向日本警署声明有案，既被捕，警察厅长三谷清（日人）颇觉尴尬。因为如将戈释放，则"满洲国"禁止中国代表入境命令，将自行破坏；如不释放，则又证明日本方面不能保护中国代表随员。终乃以汽车送戈返，警告不许再来而罢。

事后他还接到一封匿名信，对他进行了恫吓，不许再进城内。当时我从 4 月 25 日英文的《上海大美晚报》上，首先看到他被捕的消息，立即告诉了姑母，全家人都为他担心。姑母随即去北京，住在绍龙三叔家，再次同二叔在北京相见。

我的叔父回到上海后，恰好在西爱咸斯路（现绍兴路）的中华学艺

社的新屋落成，他即移住当地。

据7月12日报载，中国报学社上海社同人曾设宴欢迎他，他在席间谈到东北新闻界的情况：

> 东北报纸，除日人听办者外，其余皆苟延残喘；而消息又由日本通信社①一手包办，满纸胡言，读之唯有愤恨。关内报纸，无从入境，偶得一纸，珍若拱璧。故东北人士，在日人愚民政策宣传之下，可谓与世界消息隔绝，其精神之痛苦，有甚于牢狱。

他也谈了他在沈阳被捕的经过：

> 彼为一新闻记者，此行旨在百闻不如一见，自不能因日人之恫吓而无所活动，故抵沈阳以后，曾先后入城三次，并曾冒险到战争发生地点之北大营一次，至第三次为日人侦悉。当彼在四平街附近之一茶社憩息时，被拘入省会警察第一分署，迨请命于警察厅长日人三谷清，终以彼为调查团之一员，颇觉难于措手，于是仍派分署长护送回附属地，而坚嘱不可再来，并请特告中国代表处人员，说无论何人，如再走出附属地以外，就地枪决。

就在7月初，他用"K"字的署名，为报纸撰写了《东北之谜》的长

---

① 戈公振先生所倡导建立的"通信社"，即今之采访和编辑新闻供给各报社使用的宣传机构——"通讯社"。我国二十年代、三十年代，新闻界皆称"通信社"。

篇通讯，揭露了日本人的罪行，7月14日他又应韬奋之请，挥汗为《生活周刊》写了《到东北调查后》一文，其中说：

> 到东北调查后，据我个人粗浅的观察，除非举国一致，背城借一，不但东北无收回的希望，而且华北也要陷于极危险的地位，事实如此，并非我危言耸听。
>
> 我们自己不争气，只是希望旁人卖力为我们争回东北，本来是不合情理，而国际联盟又是个纸老虎，调查团的五委员只以自身利害为立场，将来报告书的制作，最多只从原则上说几句风凉话，似乎也在意料之中。

他说："现在稍可为我民族吐气的，幸而还有再接再厉的义勇军，不然，从外人眼中看来，岂非中国都是贪财怕死，依然酣歌恒舞，不知人世间有羞耻事！"他还认为："现在日人所能支配的只是几个沿铁路的大都会，以外都是义勇军或胡匪的活动地盘。今年耕地一半无收成，农村破产，民不聊生，惨景万状，其势非与全民族共赴奋斗，打出一条生路不可。"

七、第二次出国访问

1932年9月，他又随同国联调查团前往日内瓦，参加国际联盟讨论有关日本侵略中国问题的特别大会。9月5日，离开上海。他曾为报纸写

了《中欧途中》的长篇通信，又为《生活周刊》写了《途中的中国代表团》。他这次西行，沿途寄了一些风景明信片回来，我保存了几张。如他9月19日从印度孟买寄给他儿子宝树的明信片上所说：锡兰（现改名"斯里兰卡"）古名狮子国，晋朝法显和尚曾到此求经。此片系岛中甘地风景为佛敦圣迹，9月16日游之。今已行抵印度旁陪（现通译孟买）路程已去一半。

10月3日他又从日内瓦寄了一张明信片给我：

> 十月二日晚，由万利市（现通译威尼斯）抵日内瓦。中国代表处派员至弥朗（现通译米兰）迎迓，一路平适。请奉三叔及告宝树等，此问学安。
>
> 　　　　　　　　　　　　　公振　三日
> 　　　　　　　　　　　　　寓 British Pension

明信片中谈到的三叔，是指我的另一位排行第三的堂叔，画家戈湘岚，他长住上海。British Pension 是日内瓦的一家称为不列颠或英国的供膳宿的公寓。明信片的背面为卢骚（即卢梭）岛的风景，他还用箭头指出："卢骚岛，卢骚为日内瓦人。"

他在日内瓦参加了国际联盟特别大会。他曾在通信中写道：

> 国际联盟特别大会，通过报告书以后，关于东北问题的法理之争，至此告一段落。此后纯为事实问题，不是日内瓦所能决，而是要中国自己奋斗的。

会后，他在欧洲进行了一些访问。1933 年 10 月到西班牙的京城马德里，参加了 11 月 7 日在当地举行的国际新闻会议。

八、访问"庶联"（苏联）

早在 1928 年，我的叔父就想访问苏联。他在《从日内瓦到莫斯科》一文中回忆说：

> 五年前，我因出席国际报界专家会议之便，就想到俄国一游，但事不凑巧，行至波兰适发生广州共党事件，中俄邦交，一天一天地恶化，不得已废然而返。此次因参加国际联盟特别大会，又来到欧洲，在中日问题紧张时期中，亲见中俄突然在日内瓦宣布复交，绝交与复交，竟与我个人发生多少关系，也是很纪念的。

他在 1932 年 3 月 5 日，随我国驻苏大使颜惠庆前往莫斯科。他初次看到苏联大自然的景色："从冰花错杂的玻窗中外望，可喜天气转晴，太阳徐徐上升，穿过绵延不断的森林，照着一白如银的广漠，真是美景天成，另有一种伟大。"他到苏联时，正是苏联发展国民经济的第一个五年计划刚胜利完成，第二个五年计划正开始进行时。他这次访问苏联，

原想是"过路性质""走马看花"，谁知一住就将近三年。他初到莫斯科时，邹韬奋和胡愈之就写信给他，请他为国内报刊写稿。我从他的遗物中发现了4月21日胡愈之写给他的信：

公振兄：

　　刻接自赤都来信，无限欣慰。……兄得一机会，畅游新俄，审察社会主义建设情形，不胜羡慕。弟意苏联领土广大，兄最好能做长时期之考察。除莫斯科、列宁格勒等大城市外，尤当赴乌克兰、南俄、高加索及西伯利亚，对于合作及国营农场一加视察。对于人民生活状况及文化教育尤不宜忽略。如是归国后，其所得较诸弟一星期间走马看花，必胜万倍。返国前能将观感所得随时写寄，投登国内刊物，尤为读者之幸。

这时生活书店正计划出版《时事问题丛刊》的邹韬奋和胡愈之又联名写信给他：

公振兄：

　　日前迭奉函片，谅邀青鉴。兹弟等计划在生活书店发行《时事问题丛刊》，每月出版三册。另附编例一份，至希敦正。因新俄建设颇为国人所注目，兹拟恳兄于游踪所及，将彼邦情况，信笔写成一万五千至二万字，俾资国人之借镜。旅途或少闲暇，但一二万字之短稿，或不难抽出二三天时间写成。俾于最近期间，列入丛刊发表，倘蒙俯允，固不仅弟等个人之幸矣。

我从《申报》上刊登的《时事问题丛刊》的广告中，看到"续出各册预告"中有戈公振著《苏联观感录》，想即他们请他撰写的那本小册子。我的叔父也曾于6月13日从列宁格勒复了一封信给邹韬奋：

韬奋吾兄：

在我到莫斯科以后，你要求我常常通信。我想庶联的最近情形，尤其是在满洲问题纠缠之下，国人应该密切注意的。起初我受着此种鼓励，颇有一些勇气，但历时稍久，又觉下笔为难。广泛的说，到庶联来考察，第一，要能无成见，……第二，要不为习惯所囿，……如果不能跳出这种旧的环境，即准领略这新国精神的所在。第三，要勿以一地一时或一事的情形来肯定或否定一切……第四，要有专门学识，最好更能精通俄国语文……

浅薄如我，匆忙如我，对于上述情形，是否能做到：而且此次系过路性质，事前毫无准备，走马看花，势所不免，不过我愿将亲目所睹与亲耳所闻作一忠实的报告，有时或附加己见。不幸我生长于贫弱的中国，此时自然还先要为自己设想，所以有时讲到人家的长处，是希望我们效法，有时讲到人家的缺点，是希望我们避免。至于庶联在此世界上，自有他的立场，用不着别人来捧，也用不着别人来攻击。

此信请你在《生活》上发表，因为此时说话很难，不得不写这一点，免得他人误会，尤其是贵刊，我想你一定赞成的。

韬奋当即将这封信、冠以《我对于观察庶联的态度》，发表在 8 月 5 日出版的第八卷第三十一期上，这在当时国民党反动派统治和言论没有自由的情况下，是很有必要的。我的叔父在写给邹韬奋的信中和此后写的通信文字中，都称苏联为"庶联"，他曾做了这样的解释：

> Sorviet Union 通常译为苏联，苏字译音无意，故我改译为庶，"天下行道，则庶人不议"。俄以 Proletarian（无产阶级）政治相号召，凡是赞同此种主义者，均可加入为联邦之一。称为庶联，似乎音义两方面均能顾到而比较容易了解。

他在苏联期间，除莫斯科和列宁格勒外，还到苏联各地旅行访问，其中包括乌克兰、高加索、乌拉尔和中央亚细亚以及远东一带，据他计算的一张里程表，共达四万多公里。写成了不少通信，收集了不少图片，供《大公报》《国闻周报》《生活周刊》《世界知识》《申报月刊》《时代画报》等报刊发表。我那时已从大夏大学毕业，在《时事新报》工作，他每次寄回来的通信和图片，都由我代为转发。如他访问了苏联各地，调查了工人生活之后，在 1934 年 11 月写成《社会城》，访问了南俄的国营农场和集体农庄后，在同年 12 月写成了《谷城》，此外他访问了第聂伯水电站，写成了《电城》，访问了巴库，写成了《油城》，他到了乌拉尔一带，访问了苏联最大的重工业机器制造厂和马格尼托戈尔斯克等地，写成了《碱城和铁城》等通讯。我手边还保留一张他在 1933 年写给我的姑母的明信片：

怡妹：

8 月 28 日由黑尔可夫（现译作哈尔科夫）来德烈泡（现译作第聂伯）水电堤，工程之伟大，自不必言，而附近已成一工业新区。最有兴趣者，即此地皆系新屋，故有社会主义城之称，不似他处新旧掺杂而出。

此颂

教安

兄振

Dnieprostroe

在苏联旅居期间，他的思想发生了很大的变化。邹韬奋在 1934 年夏季访问了苏联时，在莫斯科曾和我的叔父多次见面并作长谈，他在回忆文字中写道："我在莫斯科时和他作数次长谈，深感觉到他的猛烈进步"，感到他"最近二三年来对世界大势的辛勤的观察研究，在正确认识上的迈进"。当我写这篇回忆文字时，我又接到我的大弟宝相寄给我一页我的父亲在 1934 年 2 月 15 日（正月初二日）春节时写的日记，知道他在莫斯科时曾写过两首旧诗，一首诗是祝新岁的，另一首诗是岁暮忆狄楚青（原《时报》主人）的，现抄录如下：

晴，东南风，和暖。早茶后至大伯（指戈伯鸿）及三姑母
处贺年。

  ……在大伯处读二弟来诗：

莫斯科新岁

新国庆新岁　寒窗撼风雪

忽闻革卑鼓声　东亚风云急

莫斯利岁暮忆狄楚老（注）

我佛说平等　万劫都消灭

何以人相杀　辗转而不悔

今闻箕豆煎　益垂家国泪

嗟嗟岁云暮　相勉惟不息

  我过去知道我的叔父能写骈文，但不知道他能写旧诗。从这两首诗
可以看出他当时对国际时事和国内大事的无限关心。

九、在莫斯科同住的日子

  我的叔父从"一·二八"战争时起，就鼓励我学习俄文。当我在《时
事新报》工作时，他又从莫斯科寄了俄文课本和字典给我。他很希望我
能有机会到苏联去研究苏联的新闻事业。在1935年2月，我作为《大公报》

的记者和《新生周刊》与《世界知识》的特约通讯员，随苏联迎接梅兰芳去苏演出的专轮"北方号"前往符拉迪沃斯托克（即海参崴），经西伯利亚在3月12日晨到了莫斯科。

我在莫斯利的北火车站上见到了两年多未见的叔父，随即同去他住的位于城中心、紧靠着红场和克里姆林宫的"大旅馆"（GrandHotel）。他在苏联已经住了两年多，非常熟悉各方面的情形，对加强中苏文化交流方面做了不少的工作，如1934年苏方邀请徐悲鸿到苏联举行画展；1935年邀请梅兰芳剧团到苏联演出；同年邀请胡蝶、周剑云等参加莫斯科国际电影展览会，都与他的接洽和联系分不开。这时他带我到铁匠桥的苏联外交人民委员会（即外交部）的新闻处领取记者证，到高尔基大街的邮电大楼了解发国际新闻和信件的手续，到10月25日街购苏联新闻图片社近期新闻照片，从此我开始了在苏联将近三年的记者工作。

我在莫斯科期间，最初住在"大旅馆"。后来我在小布朗尼街36号租到一间空房，他从德国访问回来后，我们又同住。这个期间，我协助他写成了两篇通讯：一篇是《梅兰芳在庶联》，另一篇是《最近庶联人民生活的一斑》。前一篇，发表在第十二卷第二十期《国闻周报》上，并注明是作者与其侄宝权合写的。后一篇介绍了苏联人民在食、衣、住、行和娱乐等方面的情况，其中不少材料是由我帮助调查的。这篇文字发表在第四卷第十号的《申报月刊》上，是他写的最后一篇关于苏联的文字。

十、回国和不幸逝世

我的叔父和邹韬奋是有很深厚的友谊的。当他在 1933 年第二次出国时，他曾于 10 月 2 日从日内瓦写信给韬奋：

韬奋吾兄：

　　二次赴欧，决定于最短期间，出于意外，然国难当前，岂悍个人跋涉？故又冒暑远征。弟对于国事实抱无上悲观，但吾人既稍有知识，只有尽国民一分子责任，从自己奋斗起。《生活日报》筹备事，使兄偏劳，心实不安，弟身虽远，此心实悬念也。

这时我的叔父远在国外，他还不知邹韬奋在 10 月 22 日出版的《生活周刊》上刊登了《生活日报宣告停办发还股款启事》，其中说："近月来，《生活周刊》遭受压迫，日在挣扎奋斗之中。就目前形势言，周刊存亡未卜朝夕，在此环境之下，日报即令勉强出版，小难为民众喉舌。韬奋受二千余股东付托之重，不愿冒昧将事。为此，决定停办。"到了 1933 年 7 月，韬奋的名字被列入国民党暗杀的"黑名单"中，不得不离开上海流亡海外。1964 年夏天韬奋访问莫斯科时，可能在同家叔见面和长谈时，又提起创办《生活日报》的事。1935 年 6 月他从德国回莫斯科不久，就接到韬奋两次从上海的来电，盼望他早日回国重新筹办《生活日报》。他立即启程，经西伯利亚，从海参崴乘船回国，沿途参观和访问了新西伯利亚、哈巴罗夫斯克（中名伯力）、海参崴等城市。他临终时曾告诉韬奋："在俄国有许多朋友劝我不必就回来……国势垂危如此，我是中国人，当然要回来参加抵抗侵略者的工作……"从这些话中也可以看出他对祖国和人民的热爱，准备把自己的全部精力都献给祖国和人民抵抗侵略的事业。

我的叔父在当年 10 月 15 日乘苏联"北方号"轮船回到上海，韬奋曾到浦东迎接，他们从江海关沿着外滩，经外白渡桥一直走到四川路桥附近的新亚酒店，在 105 室下榻，他们一路上谈了不少话。谁知我的叔父到达上海之后不久，即因身体不适住进虹桥疗养院，初疑为盲肠炎症，在 21 日下午进行手术，22 日即因病情恶化弃世长逝，享年 46 岁。在我保留下来的我的姑母 10 月 23 日写给绍龙三叔（当时他在广西省南宁广西省立医学院任院长）的一封信中，可以看到他垂危前的一些情况，现摘引如下：

龙弟：

二哥于 15 日到上海，即住新亚酒店，精神很好，不过苍老了好多。抵上海后，预备休息两天，去往南京。18 日早上我到新亚看他，没有起来，他说因为在船上头昏，到现在还觉坐在船上，稍为休养休养就好。19 日晚上，他已决定进医院休养，20 日下午即往虹桥疗养院，20 日下年两点半医院来电话，说他

患有盲肠炎，极须开刀，我赶快坐汽车到疗养院。……他坐在床上，见了我，就给我一张单子。用铅笔写的。关于所著的日记游记，叫宝权续成，赶快登出来，因为他病要休息。还有人家请他办的事未完，交我代办。那时他的热度很高，手颤抖，声音也打战。他把单子读给我听，叫我细细看一遍，有不懂的问他。……21日五点一刻即开刀，六点已手术完毕，经过很好。……22日我去看过邹思润（即韬奋），回到校里，疗养院来电话，二哥要我去。我到了那里，他托孤说：邹先生是生平好友，他的著作请邹先生整理，他的遗体送医学院解剖，以供医学参考。这次回国，有好多材料供献国家社会，没有做到是一件恨事。他生平高傲，请问医生，如无望即给安眠药片吃，不愿苟延残喘……今早验血，医生说血里有毒，打了盐水针。宝树来，叫他跟宝权学，不要骄傲。朋友来都握手笑笑。对于我和宝树以后的生活都说了。到一点半就变了，不说话，两点整停止呼吸。……遗体停中国殡仪馆，定24日下午三点大殓。东台已去电报，等大哥来入殓……

（这封信中提到的那张用铅笔写的单子，交代他留下的存款和现金，还特别提道："苏联游记由宝权续成之"，"匣内还有许多日记及笔记，可设法托人带宝权，不可邮寄"，等等。我和姑母1961年12月14日在上海整理他的遗物时发现这张单子，姑母当即加写了几句："这是振兄坐在病床上写的遗嘱。他已自知命在旦夕，把最重要的事，乘一息尚存，声音打战，手指颤抖，一一写出的。"那时亲人只有我一人在他面前，静听着，心如剑穿，是生平最痛心的事。今天捡出展阅。不禁泪涔涔，此情此景，如在目前。）

据韬奋写的《悼戈公振先生》一文中说："回忆戈先生于 10 月 15 日下午，由海参崴乘'北方号'到上海，我和胡仲持先生同到码头去迎接他，握手言欢，历历犹在目前，谁能想到七天后我在他的弥留榻前，和他惨然永诀！"韬奋说他最初因患盲肠炎开刀，但后因腹膜炎的毒流入血液，非常危险。当他去疗养院探望时，"戈先生忽睁开眼，叫我走近他，对我说他在海参崴时，小便现青莲色，双十节那天在海参崴领馆参加行礼忽然昏倒，不久醒来，因海参崴没有好医生，船期又近，只得匆匆上船，在船上时小便仍有青莲色；那天早晨（即我到疗养院去看他的那一天早晨）并没有吃什么，吐出的水也有青莲色；叫我请医生注意这个青莲色；我便把他的意思告诉了医师"。当我的叔父垂危时，韬奋也在他的身旁。据韬奋回忆说："我赶紧跑过去俯头把嘴接近他的耳朵，问他还有什么要紧的话要对我说。在他的知觉和感觉即将完全失去的最后一刹那，对于我的问句几乎还听得懂，因为经我一问，他动着嘴表示要说什么话的样子，但是只动了两动嘴唇，说不出什么，转瞬间连动也不能动了。亲友们都放声大哭。我们所敬重的戈先生就此与世长辞了。"

我的叔父逝世后，根据他的遗嘱，对遗体进行了解削，上海医学院也写出了病案报告和解剖经过，结论说"死者致命因为溶血性链球菌之败血症与全部急性腹膜炎"。关于我叔父病逝的原因，当时曾引起新闻界的纷纷责难，在他返国之前，黄炎培亦曾患有盲肠炎，经开刀而愈，

而我的叔父竟死于非命，黄炎培在悼他的哀辞中曾说："吾与君同此疾，同此医，同此病情，同此手术，前后相去五十日间，乃吾生君死。"也有人怀疑他在返国途中即遭国民党特务暗害，致死另有政治原因，总之他的死是个谜！

十一、我的叔父的后事

当10月22日午后我的叔父垂危时，在场的生前好友有马荫良、邹韬奋、周剑云、蒋光堂、钱沧硕、黄寄萍等人，他们当即在虹桥疗养院的客厅会商，决定组织治丧处，办理丧葬及纪念事宜。这时还有人来探望我叔父的病情，胡蝶赶到时，我的叔父已经气绝，她痛哭甚哀，欧阳予倩也于3时到院吊唁。我的姑母当即发了急电给我的父亲，我的父亲星夜奔丧赶到上海，他一边哭着一边走向殡仪馆，我的姑母闻声也自内赶出，兄妹相见抱头痛哭。我的父亲在第二年写的《五十述怀》一诗中曾有这样的句子：万里归来席未温，虹桥一病竟离魂。荆花摇落秋风冷，襟上犹留旧泪痕。

经过一天多的筹备，24日下午3时，在中国殡仪馆举行入殓，参加的人，除治丧处全体成员潘公展、汪伯奇、马荫良、肖同兹、严独鹤、周剑云、邹韬奋等人外，还有他的生前好友顾维钧、黄炎培、穆藕初、狄楚青、江小鹣、邹秉文、胡愈之、乐嗣炳、郑振铎、夏奇峰、李大超、张祥麟、沈君怡、余大雄、刘海粟、米星如、梅兰芳、谢公展、陈克成、蔡仁抱、胡蝶、梅石云英、周陈玉俊等，以及各大报社的代表共两百余人。大殓时，我的叔父身着蓝袍黑褂，头戴黑缎帽，容貌如生。入殓后，参加吊唁的人鱼贯行经棺侧，瞻视死者最后的遗容，然后盖棺公祭。公祭毕，由我的父亲和我的姑母率领堂弟宝树向宾客致谢。这一天下午，凄风苦雨，似亦在吊我的叔父。

接着治丧处在下午4时召开了会议，决议：一、戈先生遗体在沪安葬，在上海市公墓择穴公葬；二、墓碑推黄炎培、狄楚青书写；三、追悼会与公葬同日举行；四、戈先生生前友好致送奠仪请改用现金，送日报公会戈先生治丧处，以便办理纪念事宜；五、整理印行戈先生遗著；六、雕塑家江小鹣愿自费为戈先生制半身铜像，铸成后即在墓前建立，永留纪念。

公祭与追悼大会于12月15日下午举行。计参加的团体，有申报馆、新闻报馆、时报馆、时事新报馆、晨报社、民报馆、中华日报馆，大陆报馆、中央日报社、新京日报社、朝报社、上海市新闻记者公会、中央通讯社、申时通讯社、国闻通讯社、新声通讯社、华东通讯社、中国报学社、复旦大学、大夏大学、明星影片公司、环球中国学生会、有正书局、生活书店、东台旅沪同乡会、东台县教育局、东南日报馆、量才补习学校、中华学艺社、大上海人社等三十个单位。14日下午1时，参加公葬的来宾由中国殡仪馆乘车出发，路经静安寺路、北京路、河南路、宝山路、江湾路而达三民路第一公墓。下午2时举行公葬和追悼大会，大会主祭团有汪伯奇、马荫良、潘公展、黄伯惠、董显光、胡朴安、肖同兹、林伯生、严独鹤、杨光泩、朱少屏、周剑云、邹韬奋、赵沂尘、戈曙东等人。

由汪伯奇、马荫良、严独鹤、肖同兹、凌其翰等人先后致悼词，然后宣读团体祭文，4时礼毕。

我的叔父的墓，是由上海碑石有限公司承造的，图样经江小鹣审查修正，狄楚青题写了"东台戈公振之墓"；纪念碑文是由黄炎培题写的，造型庄严美观，可惜墓地毁于抗日战争的炮火，抗战胜利后，我曾和姑母去过墓地，几已夷为平地。

我的叔父逝世已是整整55周年了，我的父亲和母亲都已在抗战初期于1937年和1939年在家乡相继逝世，我的姑母于1969年在南京病逝；1973年绍龙三叔也在上海病故。二叔同辈的亲人都离开我们而去，现根据从他们那里听到的片言只语，写成这篇回忆我的叔父的文字，既作为对叔父的怀念，也作为对我的父母，对绍怡姑母和绍龙三叔的追念！

1980年6月至10月于北京

1990年2月改写于南京

叔父戈公振二三事

戈宝权

　　回想叔父的生前，我同他生活在一起的时间较长，深得他的亲切关怀和教诲之恩，现特借这个机会回忆一下他生平中的二三事。

　　首先是他一生勤奋好学的精神。他出生在江苏省苏北东台县城的一个所谓"世代书香"的人家，自幼非常聪慧。他读过家塾和私塾，后来进了东台县城唯一的高等学堂，毕业考试时名列第一，从此以后他就全靠自学走上了成才的道路。他在上海《时报》工作时，经常到青年会去补习英语；后来他到欧美和日本各国考察新闻事业与参观访问，又自学法语、德语和日语，甚至40多岁访问苏联时还自学俄语，都做到能阅读和讲话的程度。他很早就鼓励我努力学习，记得童年时他送了一盒积木给我，他在盒盖里面用工整的小楷写了两句话："房子是一块砖头一块砖头造成的，学问是一本书一本书读成的。"尽管这盒积木早就散失了，但他写的这两句话却深深地铭刻在我的脑海里，对我后来的生活、学习

和思想，都曾发生过很大的影响。1932年"一·二八"日军侵犯上海时，正是他鼓舞我学习俄语，使我走上了翻译和研究俄语与苏联文学的道路。

二是他终生献身于新闻事业的坚定信念。他在1913年到了上海，先在有正书局图画部当学徒，第二年进了《时报》编辑部，从校对、助编、编辑，一直升到总编辑，而且终生献身于新闻事业。他在《时报》前后工作了15年，后又在《申报》工作了三年。他对报纸的革新做了大量的工作，首创了《图画时报》和《申报星期画刊》。同时他还专心研究新闻学，撰写了《新闻学撮要》和《中国报学史》等书。他对各国的新闻事业也进行过研究，还从事宣传和推广新闻学教育的工作。在他的影响之下，后来我也走上了新闻记者和编辑的岗位，因此不少人说这是"家学渊源"。我先在《时事新报》当过编辑，1935—1937年在莫斯科担任天津《大公报》的驻苏记者和《新生周刊》与《世界知识》的特约通讯员，1938—1945年又在周恩来同志领导下的《新华日报》工作了八年。记得1935年年初我到了莫斯科以后，曾同我的叔父合写《梅兰芳在庶联》《最近庶联人民生活的一斑》(当时他的通讯都用"庶联"二字代替通常用的"苏联")等通讯文学。当年10月他在国难深重时返国，数日后即不幸病逝，享年只有45岁。没有可能完成他生前重写《中国报学史》的遗愿和撰写《世界各国报业考察记》的计划。我后来虽然转到从事外国文学翻译和研究的工作，但我忘不了他那种终生献身于新闻事业的信念，近一两年来，我曾把他的遗著《中国报学史》和《从东北到庶联》两书重新整编出版，作为对他的纪念。

三是他的谦虚谨慎、平易近人的作风。他一生中为人光明磊落，从不沽名钓誉，猎取名誉地位，他平等待人，和蔼可亲，并且助人为乐，特别是提携同行和后进。尽管这样，他当年仍不免要遭到"小报"的造谣与中伤，甚至他在《时报》的老同事包天笑晚年在写《钏影楼回忆录》时，其中对他的回忆仍颇多不实之处和讽刺之词。我的叔父生前对这些事从不计较，也不耿耿于怀，而常一笑置之。凡同他生前共过事和有交往的人，都深知他的这些高尚品质。

我的叔父一生中追求进步，热爱祖国，在 20 世纪 30 年代初国难深重时，他曾和邹韬奋等人筹办代表民众舆论喉舌的《生活日报》，宣传抗战救国，反对国民党的反动统治。甚至在临死时，他还对邹韬奋断断续续地讲道："在俄国有许多朋友劝我不必就回来……国势垂危至此，我是中国人，当然要回来参加抵抗侵略者的工作……"沈老（钧儒）当年曾以《我是中国人》为题写成悼诗，"哀哉韬奋作，壮哉戈先生，死犹断续说，我是中国人"。沈老写到这里，"泪滴满纸，不自禁其感之深也。"我的叔父离开我们已是整整 50 年，但他当年讲的"我是中国人"这句话，一直到今天还响在我们的耳边！

（原载于 1985 年 11 月 26 日《队氏日报》）

名记者戈公振之追忆

徐心芹

一、生平简史

　　戈先生，江苏东台县人。民国元年，在神州法政学校学法律。民国二年任有正书局编辑，兼时报编辑，继后任时报总编辑。创刊图画时报及时报各种周刊，在当时教育文化界中，便取得读者欢迎。在时报服务十五年，自奉俭约刻苦如一日，但交游极其广阔。民国十六年一月，出国考察欧美日本新闻事业，参加各项国际会议，并受国际联盟会邀请，出席是年八月在日内瓦举行的国际新闻专家会议。回国后任申报总管理处设计主任。民国二十一年，随顾代表维钧偕同国联调查团赴东北。是年十月，与该团同行赴欧，任中央通讯社特派记者，并游历各邦。在欧三年，本月十五日始返抵上海，不幸在旅途中即感不适，回国不到一月，抱病入虹桥疗养院治疗无效，据医云系以盲肠炎转腹膜炎逝世。生前致力学术最勤，对新闻学颇多创获贡献。著有《中国报学史》《新闻学撮要》等书，为各报纸杂志撰述亦不可胜数。曾任国内各著名大学新闻学讲席，并发起组织中国报学社，从事新闻学之探讨。临终时，犹向在旁友好马荫良（申报经理）、邹韬奋（前生活杂志编辑）等言及，欲将中国报学史改写白话文，增加材料，力求浅显普及，恨未能如愿。又谓所辑苏俄考察记，已将完成，稿存行囊中，可交其侄宝权修订印行（宝权今春方赴俄考察，任时代画报特约记者）。遗孤宝树，年仅十六，因戈夫人早故，曾由戈先生抚育数年，身兼父母，现宝树肄业徐汇高中一年级，极笃行好学，戈先生遗言，除嘱以尸体送医院做病理解剖及遗著意见外，最后深以身后萧条，遗孤教养为念。戈先生长兄曙东，现任东台县教育科长，堂弟绍龙，现任广西大学医学院长，胞妹绍怡，任上海东亚体专训育员。戈先生逝世后除绍龙外均在沪，与其友人等于本月24日下午3时在中国殡仪馆亲视含殓。且由马荫良、邹韬奋等数十人，为戈先生组治丧办理丧葬及纪念事宜。

戈先生享年45岁，尽瘁新闻事业二十余年。全国闻噩耗后，每日唁电达数十件。亲友公决定于本年12月8日，公葬戈先生于上海市公墓，墓碑由狄平子书字，黄炎培撰纪念文，江小鹣雕塑铜像以纪念戈先生。并定于当日在市公墓举行盛大追悼会。

二、起居习惯

从起居习惯去观察戈先生，在大家一致的言谈中，我们知道他的为人是有恒而不肯丝毫姑息苟且的，为了醒目，我们也用衣、食、住、行四项分开来说：

衣：戈先生二十年如一日的精神，也可以由衣冠整洁来表现吧！上海人很多都常说，时报里面有两个"漂亮的江北人"，一个是毕倚虹先生；一个是戈先生（可参看《大上海人》半月刊）。戈先生穿西装时候多，衣裤常常是清洁光硬如同新穿上身。有潇洒的名士风度，而无颓废名士恶习。配上戈先生时常含笑的脸面，规行矩步的举止，确是望之严然。

食：戈先生是喜欢尝异味的，每处如有新开店以及新出的肴饵等均要先尝为快。但不是独乐乐，而是要邀朋聚友共同饱啖。所以，请人吃饭吃点心的开销，戈先生比任何人用得多。但因为他曾患过胃病，所以虽然好吃，而吃东西时非常仔细。比方吃西餐，鱼类和山芋类必定用叉子压得极碎，用匙搅得极烂。肉类、鸡类嚼烂后还要吐渣。但现在仍死于肠胃病，真为我们所料不到了！

住：戈先生夫人在时，家庭生活已经是很简单了。自夫人死后，他十几年守着独身，仅有一用人帮助管理家务，照看公子。因为收入不很丰富，而且负担很重，住居处是很狭小的。每天起得极早，吃了早点，便写文章，参看报纸、杂志。9、10时便离了家出去，到办事处吃中饭，饭后常到青年会洗澡，并午睡片刻，再至办事处工作到傍晚。晚上应酬极多，往往深夜始回到住所。

行：他游历各国的远行不必说了，但在国内时也可以说每天是在行动之中。在上海时，他为了行动曾自备一部包车以代步，但他每和朋友出去则往往不坐，陪着朋友们走路，而且是健步如飞，一边谈话一边走。他的包车夫往往如挂虚衔一样，他找不到自己的车也就罢了，多半自己步行回家。记得他在申报主办画刊时，他的包车一天停放在门口，他常和好友刘硕夫一同出去，刘君自开机器足踏车，他便坐在那车的后轮坐板上。

除上述之外，他习惯上有两种美德，第一，涵养的功夫极深，受极大刺激和怠慢而不改对人和蔼的似乎春风般的笑靥；第二，他和朋友接谈、应酬时候，也用全副精力：比如他生了病去看他，他往往支持着来和你对答，并竭力搜寻谈话材料拉扯谈笑，反而来代探望的人解闷，又比如他不大会斗牌，但你请他斗，他决不推辞，而且陪人到底不显倦容。输钱费神，还是笑嘻嘻地和人告别。

三、待人接物一斑

戈先生死后，梅兰芳、胡蝶之痛哭，见于报载。他的兄妹子侄亲友不必说。那天在殡仪馆大殓时，痛哭他的不必说。全中国新闻界都同声哀悼。而且都不是为着什么名利攸关，都为的是友谊情感！据我所知，前十余年，他的夫人在未死时，为了戈先生差不多仅以工作为重，似乎

把家庭看得太轻，便同戈先生分居，坚持着要到北平读书。戈先生也很泰然地由她，而且亲自送她到北平，并承担一切费用。戈先生回南以后，代夫人照料小孩，躬亲家庭琐事。而且，从来不向人提起，当然更无所谓"怨言"。有人传说那位夫人是被诱惑，以后又发觉诱惑者欺骗了她而愤恨已死。这真是一段极其伤心的事情！戈先生从此不娶，而且常常成全一对对青年男女，使他们伉俪美满！尤其是对待所认识的女友们，每个都如同他自己姊妹一般，真挚热情，而庄严、尊重！提起来许多人都是一样的赞美着。可怜的戈先生，他含蓄着一腔的悲哀——或者更是不在乎表面的热情在牺牲着自己做人。成舍我先生说："（也是很多人在说的话）在北方，常接到好几封公振介绍青年人到报馆请求工作的信。普通替人写介绍信总是当面写好一信封，让被介绍者拿去，就算人情做到。公振则几乎每次都另有几封更详尽的私信说得这个人哪几点是他长处，哪几点是他短处，因为这人的长处多于短处，所以敢介绍，请给他练习的机会，这种态度，对两方面，都可算诚恳到了极点。"

戈先生有一些被人粗看不出的地方，便是对朋友真能牺牲自己，为朋友而挥霍，为朋友而不顾自己的利害。有时，人家或者觉得他举动异常，而嫉妒他的人，便不免用那些"有野心""结死党"等话来阻挠他的图谋，因此戈先生十几年来都不能在中国新闻界得到发展的机会！其实，这正是他的异人之处，他的美德！热心！

还有一桩事，可以证明戈先生对朋友的诚恳，据刘硕夫兄告诉我，戈先生自己的行囊中预备有一个特殊卡片盒子，那其中一张张的卡片，便是他在每次认识了一个朋友后的记录卡。分了姓氏笔画，把每一个朋友的暂时住址、永久住址、简明履历等，都写得清清楚楚。我也曾听戈先生说过："得一个朋友不是容易，希望得一个朋友便是得一位导师和助手。"由他那盒卡片的记载，我们更知道了他对于友谊的认真！

四、生活枯燥时期

为了专以"做人"为目的所致吧，戈先生有一个时期的人生观枯燥极了！甚至于连他的家庭也因之破裂：那时的戈先生，一天到晚只晓得以工作和新闻文化事业为目的，很多"及时行乐"的朋友常常笑他"何自苦乃尔"？但他并不觉得怎样。那种和蔼气象还脱不了"道貌岸然""木讷落落"欠活泼；等到遭了家庭变故，最初是极其蕴藏着悲哀！幸亏得到一个出国放洋的机会。一阵子海阔天空，异国情调，大约便是陶融戈先生的好材料，戈先生在第一次返国时，他的人生观便较前大为滋润起来。

五、努力"切拔工作"时期

在被忌者排挤和自甘退让情形之下，戈先生虽然抱负了志愿回到祖国（第一次回国），但仍然茫茫然不知所托！那时，天津大公报胡政之先生颇有罗致戈先生之意，而在戈先生自己也很想入新闻报工作。那时张竹平先生在申报，乃再三向史量才先生介绍，说明戈先生是一个难得的人才，经史先生决定延聘，便在戈先生归时首由申报派员（大约是董

显光先生？）到码头接他进入申报任事。却又因编辑部满额，连办事处也是特辟张竹平先生私人会客室来容纳他。成舍我先生在上海人中发表哀悼戈先生文中所说：公振办事，责任心特别强烈！他第一次归国后曾担任某大报整理参考部材料的职务。参考部之于报馆，在欧美恒以为报馆的灵魂。在前五六年的中国，甚至现在，其重要性却似乎还没有被一般报馆主人和编辑先生们认识。所以那时候虽然添了这一部，实际只是虚设。但公振并不因为别人不重视，而即放弃其责任。我每次从北方到上海来访问他，总可以看见他在一些相片和剪报的纸堆中埋头工作。我笑着问他："这不是劳而不见功吗？"他叹着气说："有功无功在人，肯劳不肯劳在我，只要我肯劳，就不管有功无功了。"很多人在那时都知道戈先生还是未能展其所长几乎无事可干吧？但他却能在无事中找事做，埋头于"切拔工作"（即分类剪贴新闻以作参考资料），统计，编目，不惮烦琐，每天蜷伏在小房子里不问外事，仅与剪刀、糨糊时刻不离。不久，史量才先生想办画刊，因为戈先生曾创图画时报便委托他负责。

六、爱好艺术和运动时期

戈先生负责创办申报画刊时候，便首先创用海里司的影写版印刷，尝试下来，成绩不算坏。只是那时中国摄影还不发达，小型快镜也刚刚输入不久。他开始搜集材料，便是到好朋友家里去翻照相簿，看见他的摄影，便老实不客气地撕下来应用。而且也就在那时他十分注意艺术界人物和作品，每一次美术展览会他都热烈帮忙。（我和戈先生认识，便是在那时到上海参加天马会，由杨清馨、张辰伯，江小鹣三位老兄介绍而结交。同时认识了朱应鹏、汪亚尘、张若谷、丁慕琴、鲁少飞、张光宇、滕固、邵洵美诸兄）戈先生平时埋头安静的工作；同时他又很明了动的工作的必要，他开始训练摄影记者，并征求人才。最初是延请刘硕夫兄合作，继续请粤人莫天祥先生任新闻摄影，李尊庸兄稍偏重艺术摄影。继后由董显光先生介绍王小亭君加入，（李子洋兄好像是那时入申报。）组织"新闻摄影社""News Photo Service"，除自用而外，还供给国内外杂志书报。但因为开支巨大，营业又未见发达，老板渐有停刊之意。那时戈先生有个志愿，常向朋友说起。第一愿他以为凡为新闻记者，必须对照相和艺术有深切的研究，第二愿凡为新闻记者均能用外国话作滔滔演说与雄辩口才。以后，他的摄影艺术十分到家，至于艺术，他对中西艺术理论和文艺批评派别均极有研究。不过，据朱应鹏兄说："他对绘画怯于尝试，但欣赏之理解则甚高超！"对于外国文字，他非常努力地研求，他资质虽差，而用功不辍，料想此次回国，英俄文必定都能上口流利如意，只可惜我们竟没有机会再恭听了！呜呼！

戈先生那时更注意锻炼身体，常常到青年会健身房做体操、打球。夏季还练习游泳。而且，因徇刘硕夫兄之劝，也常常跳舞，为了半路出家，不免"不甚佳妙"，但仍不顾风雨，常常练习。相偕的多为海上知名小姐们。因为他自己也是以郑重态度一本正经般般求教，所以虽不为小姐们所特别欢迎，但也从未有人觉得他是时时苛求。每次相邀，同偕者也极其踊跃。已拆去的大华饭店，便是从前他常跑的地方。

七、友好的引憾

回溯了戈先生的生平简史和他重要的轶事以后，我还要申明和哀悼他几句。我以前和戈先生并非亲切的知友，唯因在新闻界的厮混，和他颇有相同之处。不免借他人的酒杯浇自己的块垒，慨乎言之，实有隐痛！荷硕夫兄见告了许多珍闻，感痛更深。记得10月19日到第六届全运会场，碰到了据说心血忽然来潮的小鹅兄从西司令台来，叫我同他去吃点东西，两人沿场门外走廊踱着方步，忽然碰到了戈先生。那天天气很暖，而他穿了黑厚呢大衣更围上围巾。几句寒暄后，他说要寻了潘公展先生的汽车回新亚酒店去。因为小鹅肚子饿，大家便匆匆而别，准备去看他的日期还没说好，便想不到由此永诀。过了一天，我碰见许士骐先生，猛觉那神情、态度竟和戈先生一模一样（许先生亦艺术界中人，面貌极肖戈先生）。只是开了口称呼起来，仍是许先生！呜呼，我们今日，再到天涯海角，也寻不到第二个戈先生了！天长地久！此恨绵绵！

硕夫兄讲起了戈先生，一面和他夫人饮酒，一面夫妇相向而痛哭，此景此情，令人凄惶万状！我们后生小子，环观中国新闻界，已觉人才缺乏万分，再加以又弱一个！我之怀思，永无休止矣！

（选自《良友》杂志）

戈公振的家庭事业

华 三

天道有不可预知，人事有无可奈何者，唯死而已矣。孟子曰："可以无死，可以死。"每也应死者不死，不应死者死，如颜渊短命，盗跖长年，诚为古今所大痛也，而未有痛于吾师戈公振先生之死者！先生之死，天地为之郁结，山川为之萧条，日月为之朝昏，风雨为之夜泣，而予之悲尤甚；予之才之德虽不逮先生万一，至遭遇则颇相似，古人所谓"既庙逝者，行自念也"，予焉能免此哉！予焉能免此哉！

语云："人不婚宦，情欲失半。"凡夫士子之遇不遇，辄视婚宦二者得志与否以为断。倘有一不称意，即视息百年，亦复奚乐？今先生兼斯二者，其可悲为益甚矣！

先生主持报社笔政，为时甚久，其真知特识，尝不为当事者所采纳，卒未能展其所长，屈编画报，为力求完善，致耗资太多，报社主人且表示不满，某大报将聘为主笔，又以事未果行；外交巨擘顾维钧氏重其才识，

而未果荐拔，使一布其怀抱。二十一年，曾偕同顾氏随国联调查团冒方险而到东北，抚山河之如故，感旌旗之已非，慨然有挽救国难之壮志。是年冬，即与该团同轮赴欧，历游各邦，考察最详，尝致其友人书曰："英美老矣，新生苏俄，最为有望。"归仅数日之疾而殁，卒无所施，何其命之穷也！

先生原娶某氏，两情不洽，终至离异，家庭于是解体。继与某女士相恋，已有偕老之约，卒也某女士另觅新欢，未遂伉俪之愿。人非木石，孰能无情。孟子曰："食色，性也。"况先生年方壮盛，出而与贤士大夫游，入而无佳偶以怡其情，几号啼于前，如叫啸于后，其苦可想知矣，先生素刚简不苟合，能自检束，尤鄙世之寻花问柳，不自重惜其身者，呜呼！先生苦更甚矣！

古之人负才不遇于时，与重情不得佳偶者，上者则著一家之书，成千秋之业，以遣其穷愁孤愤；次者则寄之吹箫击筑，学佛游仙，以发泄其块垒不平之怀，萧索无聊之况；至若醇酒妇人，佯狂自喜，大抵出于有才无德者不得志之所为也；先生殆其上者焉。先生虽不称意于婚宦二者，然从不颓废，又不浪漫。古人云："不仁者不可以久处约，不可以长处乐。"先生诚可谓近于仁矣！先生生平致力学术最勤，著有《中国报学史》《新闻学撮要》等书，多为昔年教授予等之讲义。至其散见于各杂志报章之遗著，尤为海内外所传诵，盖不得于彼，始有全力倾之于此，故其文章博辩雄伟，意气奔放若不可御。欧阳子曰："修于身矣，而不施于事，不见于言可也。"先生特未施于事耳，而其修于身者，已醇然具备，且见于言者，亦郁然可观，虽富贵寿考之人，未必有此，则今日苟且偷生者何足自喜，而先生之死，又何足悲乎？

先生身长约六尺，高予半头（往年奇其长，假问字戏比之）。面长发秃，目略近观；情谊敦笃，如对古人，德量温恭，不愧长者，当世争尚狡狯，先生独率真无兢，喜愠两忌。胡蝶女士于先生卒后哭之云："戈先生真是一个好人，学问既好，性情又好，处处肯指导人。"寥寥数语，得其梗概矣。

回忆民国十二三年，予初至沪读书某校，先生授新闻学。师道废久矣，先生独能言行而身化之，使诚明者达，昏愚者励，而顽傲者革，为时人所共敬佩。时某同学为学校革退，故来诘问教务长之缘由，数言未合，即批耳颊，合校哗然，卒至兴讼。次日先生来授课，即以是事为题，命各拟新闻一则，两扫后先生持试卷至云，"新闻贵翔实，某君所记'两批×教务长之颊，声如雷鸣，达于户外'数语，殊不近情理"。全堂哄然，先生亟止之。

又极嘉予所附评语云："学校应以予该生以自新之路，纵有过失，面训可也，记过可也，不宜骤予开除，使永沦于不善。"数语为公允简当，并勉以努力，期其成就。忽忽十余年来，而予不学如故，追维奖誉，惭感交萦。今闻先生之丧，义当匍匐往吊，而羁滞于此，不克成行，只有望风雪涕而已。

先生遗孤宝树，年仅十六，肄业徐汇公学，已崭然头角矣。子云有后，玄草能传，嵇绍不孤，广陵如在。苏子瞻云："唯有文为不朽，与有子为不死。"愿先生知好，善抚宝树成才，使先生不死，则碧落魂魄，破涕为笑矣。

一棺长闭，万事俱空，先生已矣。内典云："慧业文人，应生天上。"游戏尘世，时岂可久？如邠侯为瑶台散仙，白傅为海山院主，东坡为五戒禅师，山谷为香岩女子，古人云："其生也有自来，其逝也有所为。"天或者爱先生，重先生，而叹其不能见用于人世，遂夺之以自佐耶？苏子瞻祭欧阳文忠文云，"上以为天下恸，而下以哭其私"，予于先生之死亦然。

（原载于 1925 年 10 月 27 日《朝报》）

戈公振先生之生前死后

晨　钟

待人接物和蔼可亲　注重卫生打球洗浴

弥留时训子勿骄傲　最恨者考察未贡献

减痛苦要吃安神药　遍握手感谢看护人

名记者戈公振先生，在海外考察数载，回国后，本欲将其考察所得，贡献于社会，不料未及数日，即以逝世闻。噩耗传出，举国同悲，此固戈先生之不幸，亦国家重大之损失也。

戈先生生前，待人接物，均和蔼可亲。当其脱离时报之时，虽与黄伯惠先生发生意见，惟戈先生绝未肯攻击一言半语，且将馆中事务，整理清楚，与黄握手言别。故事后，黄氏对戈，更为钦佩，每欲拉其重返时报，然戈先生已入申报，故此事未能实现也。

戈先生对于卫生，极为注意，每晚必须洗浴，方才就寝，且寝亦有定时。

饮食方面，则必细嚼。此外更注意运动，每日必打网球，以锻炼身体。戈先生对于卫生，既如此注意，而竟不能享高寿，真所谓天者不可测，寿者不可知矣。当戈先生回国后，各方亲友，争相设宴洗尘，惟戈先生以身体不佳，故仅应邹韬奋、周剑云、黄寄萍、司徒博等校处之宴而已。至于报馆方面之拟聘请戈先生者，有申报、晨报、时报、早报等数家。同时邹韬奋以生活停刊后，办新生，又因《闲话皇帝》而停刊，杜重远入狱，故拟再出一周刊，聘戈先生主其事，戈先生亦已允之矣。不料言犹在耳，人事已非，悲夫！

戈先生回国时，已感有寒热，故每次赴宴，均极勉强。于19日，且曾赴市中心区参观六届全运会。20日本拟晋京，报告一切，后以身体不适，临时中止。旋由马荫良之劝告，乃入虹桥疗养院医治。

戈先生入院后，寒热旋止，现象极好。马荫良并添聘红十字会医院医生董秉奇前往协助诊治。经抽血检验，血中无毒，再用爱克斯光照肺部，知肺部亦无病。及21日，经诊察结果，董医生断为急性盲肠炎。于是众人为之愕然，盖此病系极危险之病也。结果，戈先生之妹含泪签字，决定开刀割治，盖戈先生亦赞同割治也。

割治手术由董医生行之，达一小时，割出二寸余之盲肠一条。事后，戈先生之妹问董医生曰：施行手术何须一小时，盖福民医院（日人所设），仅须二十分钟也。董医生曰：打针与包扎等，一小时不为多也，再检视割出之盲肠，仅有一黑点，据董医生云：此系盲肠炎之开始，故病情极轻，不必担忧，于是，亲友均为之稍慰。

不料戈先生割后数小时，创口即发痒。戈先生问看护曰："可搔否？"

看护曰："不可。"至 22 日上午，病势转重，再由医生抽血检验，结果，血中有毒。于是，打盐水针达四磅，病仍无转机。再打二磅，仍如此。于是，知病将绝望，乃打电话邀戈先生之妹及各友前往，相顾无策。时戈先生之公子亦在旁，戈先生嘱之曰："无骄傲，去吧。"又语邹韬奋曰："吾考察数年回国，方期将所得贡献于社会，不料竟如此，此吾生平最大之恨事也。海外游记，请君与吾兄共同整理，再行发表。至要至要。"又语约其设宴洗尘之友人曰："君等之宴，吾不能应约矣。"

及午后，戈先生已一息奄奄矣，由医生打强心针，惟亦极难打进，盖此时血液已将凝结矣。时戈先生卧于床上，双眉紧蹙，双手拘挛。其妹问曰："二哥，痛苦否？"戈先生答曰："勿！"旋戈先生又谓邹韬奋曰："托汝代询医生，吾病尚有希望否，如无希望，请向医生索取安神药片与我吃，余非贪生恶死，盖亦冀希减少痛苦耳。"邹韬奋明知戈先生病之不能愈，惟安神药片亦决不可吃，于是，在医院中空走一转，再入室谓戈先生曰："据医生云，君病尚有希望，请静心可耳。"旋戈先生喉中已有痰，戈先生知无生望，乃便向室中诸人握手诀别。握至看护时，谓之曰："谢谢看护之恩。"时各人心如刀割，泣不可抑。不久，戈先生亦与世长辞矣。

戈先生弥留时，其尸身本嘱赠予红十字会医院解剖，作标本。后由红十字会医院车去，将大小脑及腹中五脏六腑取出，其躯壳则仍还之家属。最惨者，当殡殓之日，戈先生之兄自东台赶来，手提一小皮包，一路哭泣，及抵中国殡仪馆门口，其妹闻哭声，即自内赶出，兄妹相见，抱头痛哭，其一种凄惨情形，虽铁石人见之，亦欲为之泣下也。旋经各亲友相劝始，

行收泪，戈先生之胞兄，遂向各亲友道谢。

戈先生为人慷慨，故身后分文未有积蓄。丧葬之费，均由友人捐助，现已集有 1500 余元，尚缺千元之数，当不难立即筹足也。

（原载于 1935 年 10 月 28 日《上海报》）

戈公振先生的最后时刻

邹韬奋

　　提笔含泪写着这篇《悼戈公振先生》的时候，正在 10 月 24 日下午从中国殡仪馆哀送戈先生大殓以后。为中华民族、为新闻事业、为个人友谊，想起他都不胜其凄怆悲痛。回忆戈先生于 10 月 15 日下午由海参崴乘"北方号"到上海，我和胡仲持先生同到码头去迎接他，握手言欢，历历犹在目前，谁能想到七天后就在他的弥留榻前，和他惨然永诀！我在码头上和他见面的时候，就感觉到他容颜苍白，和他往时的红润丰采迥异，精神也很委顿，在当时以为只是旅途劳顿，而且在途中晕过船，所以这样疲乏，到后稍稍休养，便可无碍。他自己也对我这样说。我问他在船上夜里睡得怎样，他说夜里睡得不好，总要到东方既白，才在朦胧中睡着片刻。其实他此时已有了病，他自己不在意，我们也只想到他的长途辛苦，不曾知道他有了病。

　　他在海参崴将动身的时候，给我一份电报，说乘"北方号"回上海，

可于 16 日到。我在 15 日打听该船于 16 日何时可到，才知道在当日（即 15 日）下午四时半即到。仲持先生和他是申报旧同事，原和我约过一同去接他，我便临时匆匆通知了他，同向三马路外滩跑去。当时因先生的许多亲友都不知道轮船当天即到，所以到码头去接他的就只有仲持先生和我。轮船湾在浦东，我们雇了一只小汽油船把他接到海关码头后，因等候行李，三个人就在那里谈了两小时左右。他孜孜不倦地问着上海报界的最近情形，一点没有想到他自己的疲倦，我请他在那里的板凳上坐坐，他略坐了一会儿，又立起来，询问上海报界老友们这个怎样，那个怎样，又谈到中国的时局。直到六点多钟，行李手续弄清楚后，我们三个人才离开了海关码头，他决定暂住在四川路的新亚旅馆，因相距不远，主张我们一同步行，仲持先生和我因想到他的长途劳顿，在途中轮流着替他提着一个装得满满的皮包。他说这个皮包里装的是他在考察所得的尤其重要的材料，放在其他行李一处，有些不放心，所以随身带着，他哪里知道这样辛勤搜得的重要材料，如今竟没有机会被他用到，我现在回想到当时他的这几句话，更不禁有无限的伤感。我们于灯光隐约人影憧憧中沿着外滩，经过外白渡桥，一路谈到新亚旅馆。此时他很健步，并对我说，晕船这件事很奇怪，一上岸就和在船上时不同。他在谈话里提到史量才先生的死，提到黄任之先生的病，他很替黄先生的安然渡过危病难关庆幸，说要抽出时间去看看他。我本想在那天夜里约几位朋友来吃晚饭，和他谈谈，他说身体疲倦得很，只想吃些粥，睡个好好的觉，他友另约吧，我说好，便约在第二夜七点钟晚餐一叙。我们一同到新亚定了房间后，出去到附近的一个小广东菜馆里吃了极简单的晚饭。因他

晚饭后还有事接洽，要到通讯社和报馆里去访友，未多谈，晚饭后即匆匆握别，临行时劝他早些安寝，不可过劳。

第二天（16日）晚上我和几位朋友和他共进晚餐，他刮了胡子，穿了一套整洁的灰色法兰绒的西装，神采较前一天好得多，我很替他安慰，很畅快地谈了一番。17日上午和18日上午，我还因事在电话里与他谈话。他本打算19日往南京去几天，所以我末次在电话里和他分别后，一直以为他到南京去了。不料22日早晨，他的妹妹绍怡女士来找我，一见即泪如泉涌，我一时摸不着头脑，急问何事，才由她呜咽着说戈先生患盲肠炎，很危险，已于21日下午五点一刻在虹桥疗养院开刀，现热度很高，叫她来找我，说有话要对我说。我听了好像遇着晴天的霹雳，赶紧叫了一辆汽车往虹桥疗养院奔。

转瞬间到了疗养院，轻轻地踏进了他的病室，看见他身上罩着白被单笔直地卧着，那脸儿已瘦削得两颊向内凹，脸色比第一天遇见时更来得苍白，他闭着眼睛，呼吸已不如平时的自然。梁福莲女医师刚在房里，我轻声地问她戈先生的病危险不危险，她轻声地说很危险。戈先生偶然睁开眼睛瞥见了我，还能略点头微笑，我因医师说他疲极不宜谈话，所以只走近他的身旁，轻抚他的额部，说病不要紧，请他静养，医师嘱咐不宜多谈。他略点头，大概因过于疲乏，只说"死我不怕……"仍闭着眼睛。我略立一会儿，轻轻请梁医师到房外来问个详细，据说腹膜炎的毒已传播于血液里，非常危险，我急问究竟有多少活的希望了，她说恐怕只有百分之二三的活的希望了。我回到病房里，戈先生忽睁开眼，叫我走近他，对我说他在海参崴时小便现青莲色，双十节那天在海参崴领

馆参加行礼，忽然晕倒，不久醒来，因海参崴没有好医生，船期又近，只得匆匆上船，在船上时小便仍有青莲色，那天早晨（即我到疗养院去看他的那一天早晨）并没有吃什么，吐出来的水也有青莲色，叫我请医生注意这个青莲色，我便把他的意思告诉了梁医师。我此时虽知道他的病势已经十分危险，但仍想不到当天就要和他永诀，又因自己职务的忙碌，所以静默地陪伴他约一小时后，叮咛医师和女看护细心照料，并请绍怡女士随时将病状由电话报告外，便匆匆离院。出院后，替他打个电报通知他的兄长，并请托一位同事打电话通知了他的几位朋友。

刚回到办公室不久，（将近十二点钟）即得到绍怡女士告急的电话，申报馆经理马荫良先生适亦因听到戈先生病危的消息，来找我，我们随即一同到疗养院。一到病房外，绍怡女士即哭告戈先生有话急待告诉我，这时马先生正向她询问病情，我便三步并作两步地赶到戈先生的榻旁，见他的神色较上午更差，呼吸也渐渐短促起来。他很轻微地很吃力地说："韬奋兄……我的身体太弱……这次恐怕经不住……我有几句话……"他的声音非常微弱，且因气喘渐甚，断断续续地说，我俯着头把耳朵就近他的嘴边才听得出。我想这是遗嘱的口气，并插话说，马荫良先生也来了，我去请他来一同听，他说好。于是我们两个人就同在榻旁忍泪静听他说。同时他的妹妹伏在他的枕旁泪如泉涌地哀痛着。

他接着说："我的著作……报学史原想用白话写过，现在要请你叫宝权（戈先生的侄子，现在莫斯科考察）替我用白话完全写过……关于苏联的视察记，大部分已做好……也叫宝权接下去……你知道他是……很好的……还有关于世界报业考察记，材料都已有，可惜还未写出来……

现在只好随他去……"

我呜咽着安慰他，对他说一切要照他的意思办，至于未了的著作，宝权一定可继他的志愿，请他放心。

他很吃力，简直接不下去，停一会儿，才说："在俄国有许多朋友劝我不必就回来……国势垂危至此，我是中国人，当然要回来参加抵抗侵略者的工作……"

他说这几句话的时候，虽在极端疲乏之中，眼睛突然睁得特别大，语音也特别激昂，但因为太疲乏了，终至力竭声嘶，沉沉地昏去，谁在此时看着这样的神情，都不免于万分沉痛中感觉到无限悲壮，酸楚挥泪！

不久以后，戈先生又说："死我不怕，有件事要拜托你们……我看已不行，请问问医生，如认为已无救，请她就替我打安眠针，让我即刻睡去。把身体送给医院解剖，供医学研究……"我安慰他说："你不要多想，今天早晨我很仔细地问过医生，她说你的病还是有希望的。"他说："不，今天下午和早晨的情形已大两样。我看医生已没有办法……血已经抽不出来……"这时替他开刀的董医师已来看过，他们——董梁等医师——的神情语气，大概都被戈先生发觉，因为他的神志是始终异常清楚的。我见他再三要把身体供医学解剖，以供科学研究，便出了病房，对梁医师商量这件事。我问她戈先生是否已绝对无救，照她行医的经验，病状像那时的戈先生，是否还有人能有生的希望。她说一百人中偶然也有一二人能逃过难关，所以她认为病势虽极危，但非到最后的一刹那，谁也不应结束他的生命，她对于戈先生的意思表示非常敬佩，说倘有不幸，医院可以容纳，但在未到最后的一刹那，他们还是要尽力救他的生

命。我和梁医师接洽之后，又跑进病房去安慰戈先生，说刚才问过医生，据说仍有希望，请他静养，不必多想，万一有不幸，当然照他的意思办，不过在仍有希望的时候，不必再想到这件事，而且照医生的意思，病人自己须有自信心，不要抛弃希望，然后医生的努力才有效验。他听了闭着眼微点着头，对我请他安心静养勿失希望的话，连说："好、好。"

不久以后，他的朋友周剑云夫妇、蒋光堂、黄寄萍等诸位先生也先后赶到。戈先生睁开眼睛，还能微微点头微笑，从被单里缓缓伸出抖颤着的左手，和围在榻旁的好友们一一握手，最后并和服侍他的女看护握手，看他的神情，是和诸友告别的意思。他的视死如归，那样的镇定，那样的旷达，把人生看得那样的清楚，那样的置生死于度外的态度，实给我以非常深刻的印象。

到了这个时候，他气喘更厉害起来，我们可看见他的胸部很急促起伏地升降着。看护和梁医师摸摸他的脉息，都摇着头。各亲友都很沉痛地静默着。我随着几位朋友到房外去商量后事。忽然女看护奔出来说不好了，请大家快进去。我们都慌忙着向病房里跑，我最前踏进了房门，见他的眼睛已开始圆睁着向上呆直，我赶紧跑过去俯头把嘴接近他的耳朵，问他还有什么要紧的话要对我说。在他的知觉和感觉即将完全失去的最后一刹那，对于我的问句似乎还听得懂，因为经我一问，他动着嘴表示要说什么话的样子，但是只动了两动嘴唇，说不出什么，转瞬间连动也不能动了。亲友们都放声大哭，在旁的梁医师也不禁掉下了眼泪。我们所敬重的戈先生就此与世长辞了。

戈先生毕生尽瘁于新闻事业的以往历史，知道的人很多，所以我在这里不再赘述。我在这篇文章里仅将戈先生最近回国后不幸因病逝世的情形，就我所知道的略述，报告给痛念戈先生的朋友们。即就此简短的经过里，我们已不能不受戈先生的精神所感动！他对于环境奋斗的置生死于度外的无畏的精神，他虽在临危的时候，还不忘献身于科学的牺牲精神。我以为比他后死的朋友们不但不应为他的死而发生消极的观念，而且要不忘却这位好友的不死的精神，共同向前努力奋斗。

我所最觉得悲痛的是以戈先生二三十年积累的学识经验，益以最近二三年来对世界大势的辛勤观察研究，在正确认识上的迈进，（我在莫斯科时和他作数次长谈，深感觉到他的猛烈进步）我们正希望着他能为已沦入奴隶地位的中华民族做一员英勇的斗士，不料他竟这样匆匆忙忙地撒手而去，我想到这里回忆着他在弥留时睁大着眼睛那样激昂地——我觉得他竟是很愤怒地——对于侵略者的斗争情绪，我不禁搁笔痛哭，但我转念，又深深地感觉到这是我们后死者同样要负起的责任，我们都当以同样的"置生死于度外"的态度，朝着民族解放的目标向前猛进。我认为这样才是不忘却我们的好友！这样才是能纪念着我们的好友！

（原载于 1935 年《世界知识》第 3 卷，第 4 号）

作家印象

少 青

（一）

戈公振，当然不是文艺作家，而是一位道地的新闻学作家，而且最近于归国一周还不到的期间，溘然长逝，引起了全国人士的注意，甚至电影皇后胡蝶姑娘也曾经抚尸大哭。我们老朋友追悼的文章也没有什么可写，只好来写一段印象。

我和公振，第一次的见面，大约是民国九年。记得那时他任时报的副经理。住在望平街那所时报馆东方型高楼的第三层。我因为代表北京的一个什么团体参加国民外交代表会议，到了上海。而且我们早已有过通信，也曾经在时报各种周刊上面写过一些不成熟的文章。凭着这点文字因缘，去拜访他，他当然是欣然地接待了我。初次的访问，承他把时报的组织情形、历史经过、当时情况及未来计划，都告诉我，而且说时报是上海的一种特种报纸，可以说是"为办报而办报"的报纸，既不高唱什么提倡这样或者那样，也不参加拥护和打倒的运动，更不想财源广进，做一个资本主义剥取利润的机关，差不多可以说是一种玩票的性质，想贡献大家的精力来实现一种良好报纸的理想罢了，随后又把许多刊物，如时报 × 周年纪念册之类送给我，不过这个时候，或者后来不久的时候，我已听说，他和他的夫人已经闹破了脸，他的夫人要和他离婚，而且要自杀。有一次我看见他，问他对于恋爱问题有怎样见解。他说，你是研究家庭问题的人，所以你对恋爱问题颇感兴趣，也发表过许多高论。可是自我（戈先生自称）看来，恋爱也不过是那么一回事，既谈不到什么信仰，也没有什么伟大。我根本是不大注意这个玩意儿，我也没有兴趣去和任何女人谈恋爱。——由这个谈话，我们可以知道戈先生内心的惨痛了。

（二）

民国十八年我又到了上海，戈先生那时已自海外归来，改在申报任设计主任。文先生和他的同学孟寿椿夫妇住在亚尔培路一个小弄堂里面。孟寿椿住第一、二层，戈先生和他的公子住第三层。每天只看见戈先生忙来忙去地工作，回得家来也只管看书。当年发高谈阔论的气度，已经有些改变，即意态的沉着，再加以光光的额发，已有些老年绅士的模样。

原来戈先生自他的大著《中国报学史》出版后，声名已震海内外。因为那本报学史，不仅印刷装订非常精美，而且内容异常充实，把我国自有报纸以来的一切史实，新闻界掌握以及我国报界今后的方向，都有正确的叙述与提示，差不多各新闻学或者注意新闻事业的人们没有一个不读这一本书的。至现在为止，还是我国新闻学界第一本巨著，更正确些说，是第一本唯一的报学的巨著。

"九一八"事变后，戈先生努力的方向有些改变。更由埋头研究的姿态，一跃而转为国际活跃姿态。在他随同国联调查团赴伪国调查归来之后，他的神经似乎起了些特别的作用。他曾向友人表示，调查在伪国各地活动的时候，不仅顾维钧先生，不期随时供给真实材料，或者自由表示意见，连他是一个新闻记者也没有相当的自由。而且李顿调查团的人员，虽然在意识上都倾向主持公道，而且也是能了解中国的外国人，但是有时对我国的事态不明了，几乎可笑。所以自此以后，他觉得国际宣传非常重要。他由此决然改变努力的方向，大踏步地向国际主持方面向前努力走去。

（三）

戈先生既改变了他的努力方向，从事国际宣传，于是他决定离开申报馆，恰好中央方面也感到国际宣传的重要和人才的难得，聘请戈先生赴欧，用中央通讯社驻欧记者的名称，在欧洲从事国际宣传，戈先生除对于通讯社方面尽他的职责外，对于有关于国际宣传的事务，哪怕无关他的职务，也是照样尽力。胡蝶姑娘和"雄妇人"之梅博士，在欧洲得到好评，得戈先生之助，确实不少。胡蝶姑娘之抚尸大哭，到底不失为一个多情的女人。

公振的身体，本来不大好，高度或者还超过了中国男子应有的标准，瘦弱到确乎没有方法去否认。做贼的心虚，所以戈先生也特别怕死。对于卫生也特别注意。起居饮食，差不多都有定时。每天要洗澡，每天要打网球，每天要吃鸡蛋，每天还要早睡，上海滩上的嫖赌，固然不来成，连夜间出去看剧的时候，也很少。朋友们都笑他为光杆的卫生大家，这个光杆有两个意思，第一，是因为他不仅没有老婆，连爱人也没有；第二，则因为戈先生的前额早秃，秃头儿望之光光然，因而构成了光杆的二重性。

戈先生这次回国，因为他在国内新闻界已有相当声望。又居住苏联有一个相当时期。声誉与学术，都有时代的跃进。由欧回到上海以后，引起了社会人士的注意，杯酒联欢，各方面设宴为他洗尘的人非常之多，我们这位卫生大家，自己知道身体不好，怕应酬太多，有些吃不消，大半加以谢绝。不料还是不能免于一病，而且一病不起，真的"死生有命"吗？尤其奇怪的，戈先生早不病，迟不病，刚刚回国，不到一个礼拜就死了，冥冥之中，多少有些奇怪。苏联方面，本来想借重戈先生的大名，把"闲话皇帝"的新生周刊改名，由戈先生主编，以资号召，不料还没有取得他的同意，他已经溘然长逝了，不免使看官们于生死的"呜呼"之外，又加上一个"呜呼"？

（原载于 1935 年 10 月 30 日、31 日、11 月 1 日《扶轮日报》）

关于戈公振先生的回想录

黄寄萍

　　戈先生的为人，最富情感，所以知交遍海内外，平时酬应极忙，无论识与不识，不管是研讨学术，托荐位置，久别通候，或者随便闲话，凡有信来，他无不答复。而且称呼谦逊，语气婉和，这种美德，恐非常人所能及。

　　戈先生律己谨严，崇尚古道，而思想极新，学动趋向欧化。他在斐德路淞云别墅住了多年，寓所一切布置，亦是西式，日常生活，极为纪律。譬如早晨九点坐了包车到申报办公，正午到青年会用西餐，餐后睡半小时，有时练习打篮球，洗了澡，再去办公，晚间或应酬，或访友，睡眠总在十点前后，因夫人早故，人家说他生活单调，而他不以为苦。反觉来去自由，一身轻松。

　　戈氏苦学的精神，极为朋辈所称道，幼时在东台县立第一高等小学以第一届第一名毕业，便为乡贤所器重。后考取通州师范，因事转学于淮南法政学堂，毕业后即入有正书局任编辑，为狄平子先生所赏识。据说有正书局创制的学生习字帖，便是他最早的设计，后来果然做了一笔很大的生意，也许初学字的人，还不知是叨谁的光呢。

戈先生幼时在东台第一高等小学以第一名毕业，当时学校方兴，内地人士很看重所谓洋务学堂。他在一级中竟占鳌头，所以乡中父老，自小便对他刮目看待。那时和他的兄长绍甲，同考取通州师范，绍甲入学，而他来沪谋事。初有人介绍至商务印书馆，张菊生先生说他英文程度太低，因此没有进去。以后便考升淮南法政学校，对英文就用功起来。淮南毕业后，入有正书局，他设计的学生习字范本，风行一时，狄楚青先生极赏识他，便调他到时报馆去。那时他自以为学识不足，每天抽暇到徐家汇图书馆去阅读，阅数年不辍，其苦读的精神，可以说三十年如一日。

他在时报十三年，把《时报》办得很有成绩，后来《时报》易主，由黄伯惠接办，戈先生便辞了职，而实现他赴欧考察的夙愿，在欧两年，对于各国报业的材料，搜罗丰富，大感兴趣。归国后即为《申报》史量才先生罗致，在《申报》共四五年，最初主办图书参考部，开国内各报未有之先声，后来主编《申报》图画周刊，取材精富，为国内最有价值之画报，同时兼任管理处设计科主任，对《申报》改进，多所擘划。淞沪"一·二八"战争后，才脱离《申报》，随国联东北调查团出国中央通讯社聘为特派记者，这是他第二度赴欧的任务。

戈先生对于新闻学的著作最多，尤其是提倡新闻学教育最力的人。曾先后在国民大学、大夏大学主讲新闻学，所以他的学生现在有很多在报界服务，人家说他"诲人不倦"，大有先圣遗风。他又创"中国报学社"，

各埠社员 200 余人，本有一番扩展社务的计划，可惜到现在不曾实现。他还主张全国报人大联合，结成坚强的团体，上海新闻记者公会的前身，便是新闻记者联欢聚餐会，他发言最多，常忙得满面大汗。后来他知道全国报人大团结，是不可能的事，也不再唱这高调了。

戈先生一生洒脱，功名富贵，视若敝屣，他向来有个"五不"。他所谓的"五不"：（一）不改业；（二）不续弦；（三）不治产；（四）不改方言；（五）不怒不詈。所以逝世后大家说他是报界中最清高纯洁的一员名宿。

周剑云兄游俄回来，谈起戈先生的海外生活，很佩服他奋斗苦干的精神。据说他住莫斯科每天只用 15 卢布（合华币约元半），比平常游客用到数十金元，相差不知多少。他在俄不论城乡，甚至荒僻之处，亦有他的足迹。细心的考察，有时语言不通，摸出一本俄文字典来硬翻，他随身带只皮包，一切文具在内，笔记文件在内，面包牛油亦在内，即此可见其苦学的一斑。任何考察团或是留学生，总比不上他苦思力索的精神吧。

唉！戈先生在外三年，所得的学术经验，正大有造于祖国，而竟天不假年，赍志以殁，岂我人始料所及？我本想把他的余闻轶事尽量写出，只以篇幅有限，暂且告一段落。

我是中国人

马砚祥

"我是中国人"。

这是多么朴素、平凡的一句话，又是何等神圣、庄严的一句话！五十多年以前，沈钧儒先生何以书此墨宝？当先拜读他的遗墨全文：

"我是中国人"，这五个字是戈公振先生临逝只剩一丝丝口气，从若断若续中吐出留在世间的一句话。五年前在上海，某夜读韬奋先生所为哀悼文，至此非常感动，因拟作五绝句以纪之。三首就。第四首先写一句，即用戈先生语，竟不能续，再写，仍为此五字，到底写了四句"我是中国人"，一句重一句，几于声嘶极叫。

当时写毕，泪滴满纸，但不自承为诗也。行知先生见而许之，并瞩书。此三十一年一月，沈钧儒记。

221

　　沈老文中述及的这位戈公振先生（1890—1935）是一位爱国的新闻记者和新闻学家，先后参加上海《时报》《申报》工作。1922年访问苏联，写了不少反映当时苏联情况的通讯。1935年10月15日回国，同月22日病逝于上海。邹韬奋先生在《悼戈公振先生》一文中，记录了他在弥留之际的一段谈话："在俄国有许多朋友劝我不必回来……国势垂危至此，我是中国人，当然要回来参加抵抗侵略者的工作……"一片赤诚报国之心溢于言表。韬奋先生写道："他说这几句话的时候，虽在极度疲乏之中，眼睛突然睁得特别的大，语音也特别的激昂，但因太疲乏了，终于力竭声嘶，沉沉地昏过去。谁在此时看着这样的神情，都不免于万分沉痛中感到无限的悲壮，酸楚挥泪！"读此文，沈老非常感动，因而投诗寄悼、为诗书怀。

读韬奋悼戈公振先生

　　第四首先写一句，竟不能续，仍为此五字，再写，仍为此五字，写竟，泪滴满纸，不自禁其感之深也。

一

浙江古越国，勾践人中杰，
尝胆卧则薪，我是浙江籍。

二

苏州有胥门，炯炯悬双睛，
怒视敌人入，我是苏州生。

三

哀哉韬奋作，壮哉戈先生，

死犹断续说，我是中国人。

四

我是中国人，我是中国人，

我是中国人，我是中国人！

戈公振是爱国新闻记者，名绍发，先后参加上海《时报》《申报》工作，并至欧美各国考察新闻事业。1931年"九一八"事变后，积极主张抗日。1933年访问苏联，写了不少通讯。

戈公振从苏联乘船于1935年10月15日回到上海，在海参崴上船前已经有病了，归沪后，因患盲肠炎在虹桥疗养院动手术，同月22日逝世。

（原载于1987年第2期《文物天地》）

戈公振精神

邹韬奋

　　为中国新闻界一颗巨星的戈公振先生，第二次由欧洲考察回国，我们正在殷切地期待他对新闻界学术界有更大的贡献，不料他回国不及一星期，便因病去世，这真是社会的一个大损失，不仅仅是我们在友谊上的私痛而已。

　　戈先生最使我们感念的是他一生百折不回地尽瘁于新闻事业的努力精神。他今年46岁，在24岁的时候进时报馆服务，便是他的新闻事业的开始。最初任校对，后来升任编辑，再由编辑升任总编辑。创刊《图画时报》和《时报》的各种周刊，大受学术界文化界的欢迎。他服务于时报十五年之久，忠诚尽职，未尝稍懈。他一面负起重要的责任，一面对于新闻学做不断地研究，孜孜不倦，精益求精。服务和求知兼程并进，数十年如一日。民国十六年，他第一次赴美考察新闻事业，兼及政治经济，并受国联邀请，出席这年8月举行的国际新闻专家会议。回国后任申报总管理处设计主任。民国二十二年偕同国联东北调查团赴欧，担任中央通讯社特派记者，后来又受上海日报公会和京平津汉等地报界的委托，出席西班牙京城举行的国际新闻专家会议。在游历海外三年间，曾先后再往法、德、意、奥、捷克、苏联各国考察新闻事业，在苏联的时间较久，考察也特别详细。他在国内服务于新闻界的时候，不但对新闻学勤于研究，而且就其研究所得，于工作余暇，著述以惠学者，脍炙人口的有《中国报学史》《新闻学撮要》等书，出国考察以后，尤注意各国政治经济及社会实况，搜集材料，不遗余力，著作散见于杂志报章者更多。他在弥留时，还对在旁好友谆谆叮咛，要叫他的侄子宝权把中国报学史重新写成白话，增益材料，力求浅显，使成更普通的读物，把自己辛勤所得，贻惠后进，他对于新闻教育的热诚，可以概见。关于苏联考察记，已十成八九，也叫他的侄子宝权完成，以飨国人，他于10月15日由海外归来，在上海登岸的时候，还指着他所随带着的一个大皮包，说那里面是他在国外所搜得的尤其重要的材料，他原打算回国后，将他近数年在国外考察研究所得的结果、著述以供国人参考，现在竟成泡影，真可为中国的学术界文化界痛惜。

至于戈先生的待人接物，诚挚和蔼，持躬处世，高尚纯洁，那时凡与戈先生做朋友的没有不深深地感觉到而永远不能忘却的。他不但在新闻事业上"鞠躬尽瘁，死而后已"的精神，感人至深，就是他生平那样勤勤恳恳地虚怀若谷的做人态度，也很足以做后进的楷模。

我们想到戈先生丰富的经验、渊邃的学识、纯洁的品性，已使我们对于他的不幸去世，感到无限的伤感，但我们想到国难的日迫，各方共同努力于拯救危亡的急切需要，如今竟失去一位斗士如戈先生，更不禁

感到无限悲痛。戈先生临终的时候，曾对在旁的好友说起这几句话："在俄国许多朋友劝我不必就回来……国势垂危至此，我是中国人，当然要回来参加抵抗侵略者的工作……"他说这句话的时候，呈在极端疲乏之中，眼睛突然睁得特别大，语音也特别激昂，但因为太疲乏了，终至声嘶力竭，沉沉地昏去。我们觉得戈先生对于人生看得很透，对于生死原早已置之度外，但眼看着中国当前的危难，他满腔热忱地跑回来要参加民族解放斗争的工作，竟那样赍志以殁，这却是他所觉得无限遗憾的事情。

他早把生死置之度外的态度，在他临死的那一天，可以明显看得出。他很坦然地对在旁的好友说："死我不怕，有件事要拜托你们……我看已不行，请问问医生，如认为已无救，请他就替我打安眠针，让我即刻睡去。把身体送给医院解剖，供医学研究……"当时住院的医生虽表示敬佩他的意思，但以为未到最后一刹那的时候，还是应该尽力救他的生命。在戈先生逝世后，受他遗嘱的家属和好友就照他的意思办。在他临危的时候，他还从被单里缓缓伸出抖颤着的左手，和围在榻旁的好友们一一握手告别，最后并和服侍他的女看护握手告别。他是这样地视死如归！这样地旷达镇定！

我们所敬重的戈先生终于撒手而去了！我们唯有哀悼和纪念他了。

（原载于 1935 年 11 月 1 日《世纪知识》第 3 卷，第 5 号）

戈公振先生纪念碑碑文

黄炎培

　　先生戈姓，名绍发，字春霆，公振其号也。父铭烈，母氏龙，以清光绪十六年生先生于江苏之东台县。幼读绝慧，伯祖母翟设殳庵学塾自课之。既毕小学业，随伯父铭猷之江西铜鼓厅同知任，且工且读，学大进。民国纪元之二年，毕业于淮南法政学校，受任上海有正书局兼《时报》编辑，洊任总编辑，大为主人狄平子器重。今各报类有图画附刊各种周刊，实其首创也。先生既矢以新闻为终生事业，乃精研新闻学，服《时报》职至十有五年，业余劬学，就读徐家汇图书馆，虽寒暑风雨不辍，于是海内谈新闻学，必数先生。政府特聘为国务院咨议。十六年赴欧、美、日本考察。屡参加国际会议，并以国际联合会之邀，出席是年八月日内瓦国际新闻专家会议。归任上海南方、国民、大夏、复旦诸大学新闻学讲席，创暑期报学讲习所于杭州，汲汲于培养人才，革新新闻业。《申报》馆特聘主持设计，献议尤多。"一·二八"之难，国际联合会推英法美德意代表，调查日本占辽吉黑事，先生实偕我代表顾维钧以东，遂至欧

洲，为再度之考察新闻而外，旁及政治状况社会状况，大注意于最新革政之苏俄，深入民间窥真相，时时寓书国人，以诸友邦猛进相惕勉，凡三年，而国难益急，惨然思归，有沮之者，慨然谓国危至此，我亦国人，忍勿归耶？以民国二十四年十月十五日抵上悔，遂病，疑盲肠炎，就医院剖腹，阅日遽殁。临殁嘱以遗体付解剖，供学人研究，则断为腹膜炎，时十月二十二日也，年四十有六。著有《中国报学史》《新闻学撮要》。其文词散见于报纸杂志尤多。《苏俄视察记》《世界报业考察记》其未完稿也。平居沉静寡言语，立身端谨，绝世俗嗜好，而接物温厚和易，凡旅沪乡人之穷失业者，为之介，或资之归，无德色。先生以苦学成专家，心未曾一日忘新闻业，革命而未之逮，漫游列邦，多发人所未发，将悉其所得，贡诸吾国家、吾社会，而竟赍以死。虽然其学、其行、其志趣、其精神亦足以垂不朽也。已妻氏翟，婚未久而离，子一，宝树。既公葬先生遗骨于上海市公墓，乃公属炎培略其生平，泐之碑，以示来者。

1935 年 11 月撰并书